ANNE HAUPT

Muffins & Cupcakes

NEUE IDEEN FÜR
KLEINE KUCHEN & TÖRTCHEN

südwest

Inhalt

Von der Hand in den Mund

Für lockere Cupcaketeige muss die Butter-Zucker-Mischung weißlich-schaumig aufgeschlagen sein, bevor man das erste Ei zugibt.

Auch wenn wir Muffins in den USA lieben gelernt haben, scheint zumindest ihr Name deutsche Wurzeln zu haben: Es wird vermutet, dass das Wort »Muffin« vom deutschen »Muffe« abgeleitet wurde. Muffe bedeutete nichts anderes als Mund. Eine Muffe voll Kuchen war ein Mund voll Kuchen. Auch wenn man den Mund ein wenig voll nehmen muss, um einen ganzen Muffin auf einmal zu essen, trifft es den Kern der Sache: Muffins (aber auch Cupcakes) sind sehr handlich, köstlich und ruckzuck verspeist. Der Unterschied vom robusten Muffin zu seiner eleganten Cousine, dem Cupcake, liegt darin, dass man ihn am besten noch warm ganz pur oder nur mit etwas Puderzucker bestäubt serviert. Markenzeichen der edlen, feinen Cupcakes ist ein lockerer, zarter Teig, gekrönt von üppiger Creme und liebevoll dekoriert mit unterschiedlichen Zutaten.

Für den **Rührteig** der **Cupcakes** werden weiche Butter und Zucker so lange miteinander schaumig gerührt, bis die Butter durch die vielen eingerührten Luftbläschen weißlich erscheint. Das dauert etwa fünf bis acht Minuten und sorgt dafür, dass die Küchlein feinporig, locker und zart werden. Unter die schaumig gerührte Butter (Bild links) wird ein Ei nach dem anderen gerührt, anschließend Mehl, Backpulver, Aromen und sofern notwendig ein wenig Flüssigkeit. Der Schlüssel zu einem gelungenen Cupcaketeig ist neben dem ausdauernden Rühren die Temperatur der Zutaten: Alle Zutaten sollten Zimmertemperatur (ca. 21 °C) haben. Das gilt auch für Butter und Eier. Meist genügt es, alle gekühlten Zutaten ein bis zwei Stunden vor dem Backen aus dem Kühlschrank zu nehmen. Muss es schneller gehen, kann man der Butter in der Mikrowelle vorsichtig mit ein paar Sekunden auf der niedrigsten Stufe auf die

Sprünge helfen. Sie soll nur weich werden und nicht schmelzen! Die Eier können in warmem Wasser aus dem Wasserhahn angewärmt werden. Eine weitere Variante des Cupcaketeigs, die in diesem Buch verwendet wird, ist ein **Eier-Öl-Teig.** Eier und Zucker werden acht bis zehn Minuten schaumig gerührt. Auf den Eischaum wird vorsichtig in einem dünnen Strahl das Öl gegossen, während kräftig weitergeschlagen wird. Danach wird noch etwas Flüssigkeit untergerührt, wie Likör, Limonade oder Milch, und zum Schluss eine Mischung aus Mehl, Stärke und Backpulver.

Für **Muffins** hingegen könnte das Rührgerät sogar im Schrank bleiben: Ein Löffel reicht aus, um den klassischen **Muffinteig** zu mischen, denn langes Rühren ist nicht erlaubt! Im Gegenteil: Das Geheimnis lockerer Muffins liegt im vorsichtigen Mischen der feuchten und der trockenen Zutaten. Mehr als zehn Löffelstreiche sollen es nicht sein, sonst werden die Muffins zäh und ledern. Bleibt im fertigen Teig ein wenig Mehl sichtbar, ist das völlig in Ordnung (Bild rechts).

Für den Teig werden Mehl, Backpulver und Natron, Salz und Gewürze in einer großen Schüssel gut vermischt. Obststücke, gehackte Schokolade, Nüsse, Samen, Kräuter, geriebener Käse, Schinkenwürfel, Fleischstückchen u. Ä. werden ebenfalls mit der trockenen Mischung vermengt. Dadurch verteilen sich Obst und Co. gleichmäßig im Teig und sinken nicht während des Backens ab. Die feuchten Zutaten – Eier, flüssiges Fett, Flüssigkeit, Milchprodukte oder ein Fruchtpüree – und Zucker werden in einer getrennten Schüssel verquirlt. Dies ist der einzige Zeitpunkt, zu dem ein Handrührgerät sinnvoll ist: Schlägt man Zucker und Eier miteinander schaumig, bevor man die restlichen flüssigen Zutaten unterrührt, werden die Muffins noch lockerer und luftiger. Drängt die Zeit, genügt es, die flüssigen Zutaten mit einer Gabel zu verquirlen.

Aber auch andere Teige eignen sich wunderbar: **Hefe-** oder **Quark-Öl-Teig,** sie werden wie in den einzelnen Rezepten beschrieben verarbeitet. Auch **Blätterteig** ist gut geeignet: Verwendet man Tiefkühlblätter-

Beim Vermengen der trockenen und feuchten Zutaten nicht zu häufig rühren; es dürfen also Mehlflecken sichtbar bleiben. Zu starkes Rühren macht die Muffins zäh.

Alle Rezepte wurden mit Weizenmehl Type 405 gebacken, das sich hervorragend durch Dinkelmehl Type 630 ersetzen lässt. Ist Olivenöl verlangt, muss es kein kalt gepresstes sein: Ein mildes Olivenöl aus dem Supermarkt ist völlig ausreichend.

teig, lässt man ihn auftauen, legt die Scheiben aufeinander, rollt sie auf einer bemehlten Fläche aus und schneidet sie entsprechend den Förmchen zu. Eine knusprige Teigvariante sind **griechischer Filo-, türkischer Yufka-** oder **Strudelteig** aus dem Kühlregal. Man entnimmt die benötigte Anzahl an Teigblättern, bedeckt sie mit einem feuchten Tuch, um ein Austrocknen zu verhindern, und bestreicht ein Blatt nach dem anderen mit flüssiger Butter, bevor man sie aufeinanderlegt.

Die Zutaten

Für die Rezepte wird **Butter** oder **Öl** verwendet. Süßrahmbutter sorgt für feinen Buttergeschmack. Für den Rührteig der Cupcakes sollte die Butter weich, aber nicht flüssig sein. Wird die Butter geschmolzen, wie für den klassischen Muffinteig, schneidet man sie in gleichmäßige Stücke und schmilzt sie in einem kleinen Topf bei milder Hitze. Die Butter kann auch durch Margarine mit Vollfettgehalt ersetzt werden. Die Cremes sollten immer mit Butter zubereitet werden. Wird Öl verwendet, empfiehlt sich möglichst geschmacksneutrales Öl wie Sonnenblumen-, Raps- oder Maiskeimöl. Geschmacksintensive Öle können im gebackenen Muffin unangenehm hervorstechen.

Für den **Geschmack** sorgen Vanillezucker, geriebene Zitronen- oder Orangenschale, gemahlene Gewürze wie Zimt, Nelken und Lebkuchengewürz oder Kräuter. Die frischen Kräuter werden gehackt unter das Mehl gemischt, ebenso wie die Gewürze. Sind die Kräuter nicht frisch erhältlich, können sie durch getrocknete ersetzt werden, wie bei Thymian oder Salbei, oder durch Tiefkühlkräuter, wie im Fall von Schnittlauch oder Petersilie. Nur Vanillezucker wird bei den Muffins in die flüssige Mischung gegeben, wie der restliche Zucker auch.

Für **Süße** sorgen weißer und brauner Zucker sowie Ahornsirup. Man kann weißen durch braunen Zucker ersetzen und umgekehrt oder gleich ganz durch Rohrohrzucker. Ahornsirup eignet sich als Ersatz nicht, weil er die Teigkonsistenz verändert und die Küchlein zu schnell bräunen oder sogar verbrennen ließe. Obwohl er Süße beisteuert, trägt er in erster Linie zum Geschmack bei. Er kann durch milden Honig ersetzt werden.

Für die Muffins werden Milch, Vollmilchjoghurt, Sauerrahm, Buttermilch und gelegentlich auch ein Fruchtpüree verwendet. In Verbindung mit gesäuerten **Milchprodukten** wird in den Rezepten auch Backnatron eingesetzt. Es reagiert mit der enthaltenen Säure im Milchprodukt und lässt die Muffins schön locker werden. Backnatron ist in jedem Supermarkt erhältlich, es kann aber auch durch Backpulver ersetzt werden.

Die Förmchen bestehen aus reinem lebensmittelechtem Silikon und sind spülmaschinengeeignet. Vor dem ersten Gebrauch sollten sie mit Wasser und Spülmittel gereinigt und mit einem Geschirrtuch trockengerieben werden.

Die Förmchen

Meist kann der Teig ohne weitere Vorbereitung in die trockenen Förmchen gefüllt werden. Bei Teigen, die sehr viel Obst enthalten oder sehr flüssig sind, empfiehlt es sich, die Förmchen mit etwas zimmerwarmer Butter mit einem Backpinsel gleichmäßig zu fetten. Um die Herzform gut zur Geltung zu bringen, sollten die Förmchen nur bis etwa 1/2 Zentimeter unter dem Rand gefüllt werden.

Backen und Garprobe

Zum Backen wird der Backrost mit Backpapier belegt, damit der Ofen sauber bleibt. Darauf werden die Förmchen verteilt, während der Backofen auf die angegebene Temperatur heizt. Ein feuerfestes Schälchen mit Wasser, das beim Backen der Muffins mit einem klassischen Muffinteig auf den Boden des Backofens gestellt wird, lässt die Muffins besonders zart werden. Sind alle Förmchen mit Teig gefüllt, wird der Ofen kurz geöffnet, der Rost mit den Förmchen rasch hineingeschoben und der Backofen schnell wieder geschlossen, damit nicht zu viel Hitze entweicht. Geöffnet wird der Ofen erst wieder für die Garprobe nach der angegebenen Backzeit. Dazu sticht man mit einem Zahnstocher in die Mitte eines Muffins oder Cupcakes und zieht ihn wieder heraus.

Der Backrost wird mit Backpapier belegt, damit der Ofen sauber bleibt und die Förmchen besseren Halt haben.

Bei den Buttercremes zum Verzieren ist es wichtig, dass alle Zutaten Zimmertemperatur haben, da sonst die Creme leicht gerinnen kann.

Bleiben keine oder nur sehr winzige Krümelchen an ihm hängen, sind die Küchlein gar und können aus dem Backofen genommen werden. Ist feuchte Teigmasse zu sehen, braucht das Gebäck noch einige Minuten. Spuren von flüssiger Schokolade oder weichem Obst sind unbedenklich. Die Muffins und Cupcakes in den Förmchen direkt auf dem Rost aus dem Ofen holen und fünf Minuten auskühlen lassen. Danach lassen sie sich leicht von unten aus den Förmchen drücken.

Verzieren und Dekorieren

Cupcakes können nach Herzenslust mit Cremes verziert werden, den sogenannten Toppings oder Frostings. Hier werden Frischkäse-, Mascarpone-, Schokoladen- und Buttercreme verwendet. Die Cremes lassen sich geschmacklich verändern, allerdings sollte man darauf achten, dass die geschmacksgebenden Zutaten von gleicher Konsistenz sind. So kann man die Konfitüresorten beliebig variieren oder Flüssigkeiten wie Likör, Saft oder Sirup nach Wunsch austauschen. Voraussetzung ist nur, dass die Cremes streich- oder spritzfähig sind. Sie können mit einem Spatel, Löffelrücken oder Buttermesser auf den Cupcake gestrichen oder mit dem Spritzbeutel aufgebracht werden. Wird die Creme mit dem Messer aufgetragen, hält man den Cupcake mit einer Hand von unten fest und gibt mit dem Messer in der anderen Hand einen großzügigen Klecks der Creme in die Mitte des Törtchens. Von der Mitte aus wird die Creme zum Rand hin verteilt (Bild links). Dabei kann man ganz nach Laune verschiedene Muster ausprobieren: Wellen, Rillen, Spitzen.

Die Creme üppig mit einem Löffel auf die Mitte der Cupcakes verteilen und mit einem Messer zum Rand verstreichen. Mit dem Messer- oder Löffelrücken lassen sich Muster in die Creme drücken.

Soll die Creme aufgespritzt werden, wird der Spritzbeutel mit einer entsprechenden Tülle versehen, der obere Teil des Spritzbeutels umgestülpt und in einen Messbecher (oder ein anderes schmales, hohes Gefäß) gestellt. Die Creme wird hineingefüllt und der Spritzbeutel zugedreht, bis er prall ist und die Creme aus der Tülle zu quellen beginnt. Um ein möglichst gleichmäßiges Ergebnis zu erhalten, sollte die Creme in einer fließenden Bewegung aufgespritzt werden, ohne Absetzen. Man kann mit verschiedenen Tüllen die unterschiedlichsten Muster spritzen (Bild rechts). Ist kein Spritzbeutel vorhanden, können Einmalspritz- oder Gefrierbeutel als Ersatz verwendet werden. Dazu wird von einem stabilen Drei- oder Vier-Liter-Gefrierbeutel eine der unteren Ecken abgeschnitten und eine Spritztülle durch das Loch gedrückt.

Für die **Dekoration** der Cremes gilt: Ob Zuckerperlen, Marzipan, Schokospäne, Kokosraspel, Obst oder Blüten, die Auswahl soll die Farbe und den Geschmack unterstreichen. Alles ist möglich von edel für Hochzeiten oder bunt für Kindergeburtstage. Allerdings sollte die Garnierung nicht zu schwer sein, damit sie die Creme nicht hinunterdrückt. Flüssige Garnierungen, wie Obstpüree oder Dekorationen aus Zucker, erst kurz vor dem Servieren auf die Creme geben, damit sie sich nicht auflöst.

Mit einem Spritzbeutel mit Loch- oder Sterntüllen in unterschiedlichen Größen lassen sich vielfältige fantasievolle Crememuster auf die Cupcakes spritzen.

Aufbewahrung

Cupcakes halten sich einen Tag, ohne ihre Zartheit zu verlieren oder trocken zu werden. Sie werden mit Alufolie abgedeckt oder verpackt in einen großen Plastikbehälter bei Raumtemperatur gelagert, bis sie verziert und gegessen werden. Selbst mit Creme oder Guss dekoriert, lassen sie sich im Kühlschrank zwei bis drei Tage aufbewahren. Am besten stellt man sie in einen geräumigen Plastikbehälter oder auf einen Teller, den man mit einer Schüssel abdeckt; sie sollten etwa eine Stunde vor dem Verzehr aus dem Kühlschrank genommen werden, damit sich ihr feiner Geschmack wieder voll entfaltet.

Muffins schmecken am besten, wenn sie noch ein wenig warm sind. Deshalb werden sie höchstens mit ein wenig Puderzucker bestäubt oder mit ein wenig Glasur bestrichen, aber nicht aufwendig verziert. Fertige Muffins eignen sich auch gut zum Einfrieren. Zum Servieren werden sie noch gefroren auf ein mit Backpapier belegtes Blech gelegt und im vorgeheizten Backofen bei 180 °C acht bis zehn Minuten aufgebacken.

Sind wider Erwarten Muffins übrig geblieben, kann man sie am nächsten Tag einige Sekunden auf kleinster Stufe in der Mikrowelle oder im 150 °C heißen Ofen fünf Minuten aufwärmen.

Süße Muffins für jeden Tag

Genießen Sie die Muffins doch gleich zum Frühstück! Ob Hefeherzen, Karamell-Pecannuss-Schnecken oder Heidelbeer-Haferflocken-Muffins, Möglichkeiten gibt es viele. Am Nachmittag können Sie mit Johannisbeer-Amaretti-Muffins dem Dolce vita frönen oder sich mit Erdnuss-Schoko-Chili-Muffins einkuscheln.

Heidelbeer-Haferflocken-Muffins

Zutaten für 12 Stück

Teig

50 g kernige Vollkornhaferflocken
250 ml Buttermilch
150 g Heidelbeeren (frisch oder TK; Letztere gefroren verwenden)
200 g Mehl
2 TL Backpulver
1/4 TL Natron
1/2 TL gemahlener Zimt
Salz
1 Ei (Kl. M)
100 g Zucker
80 ml neutrales Speiseöl

Kruste

10 g kernige Haferflocken
10 g Zucker
1/2 TL gemahlener Zimt

Zubereitungszeit: ca. 45 Min. (plus Abkühlzeit)

Dieses Rezept finden Sie auf Seite 10 oben abgebildet.

Zubereitung

1 Haferflocken und Buttermilch verrühren und 10 Minuten quellen lassen. Frische Heidelbeeren verlesen. Den Backofen auf 190 °C (Umluft 170 °C) vorheizen.

2 Mehl, Backpulver und Natron in eine Schüssel sieben. Zimt, 1 Prise Salz und Heidelbeeren zugeben und alles gut mischen. Ei und Zucker in einer zweiten Schüssel mit den Quirlen des Handrührgeräts schaumig schlagen, das Öl nach und nach unter Rühren zugeben. Dann die Haferflocken-Buttermilch-Mischung unterrühren.

3 Mehlmischung zu der Ei-Buttermilch-Masse geben und alles mit einem Kochlöffel kurz verrühren, bis die Zutaten sich gerade so verbinden. Teig in die Herzformen verteilen und glatt streichen. Für die Kruste Haferflocken, Zucker und Zimt mischen und auf die Muffins streuen.

4 Im heißen Ofen auf dem mit Backpapier belegten Rost auf der mittleren Schiene 18 bis 20 Minuten (bei Verwendung von TK-Beeren 5 Minuten länger) backen. Mit dem Rost aus dem Ofen nehmen und 5 Minuten abkühlen lassen. Muffins vorsichtig aus den Formen lösen und am besten warm servieren.

Tipp Diese Muffins sind ein tolles Mitbringsel zu einem Brunch. Auf einer festen Pappe, belegt mit Servietten, angerichtet und eingeschlagen in Geschenkpapier können sie sicher transportiert werden und sind ein hübsches Präsent!

Erdbeer-Rhabarber-Muffins

Zubereitung

1 Erdbeeren in stehendem Wasser waschen, gut abtropfen lassen, putzen und fein würfeln. Rhabarber waschen, putzen, fein würfeln, mit den Erdbeeren mischen. Den Backofen auf 200 °C (Umluft 180 °C) vorheizen.

2 Vanilleschote längs aufschlitzen, das Mark herauskratzen. Mehl, Backpulver und Natron in eine Schüssel sieben, 1 Prise Salz und Vanillemark gut untermischen. Rhabarber- und Erdbeerwürfel ebenfalls untermischen. Butter bei milder Hitze zerlassen. Eier und braunen Zucker in einer zweiten Schüssel mit den Quirlen des Handrührgeräts ca. 5 Minuten schaumig schlagen. Zerlassene Butter nach und nach unterrühren. Dann den Joghurt unterrühren.

3 Die Mehlmischung zur Ei-Butter-Mischung geben und alles mit einem Kochlöffel kurz verrühren, bis die Zutaten sich gerade so verbinden. Teig gleichmäßig in die Herzformen verteilen und glatt streichen. Gehackte Mandeln und Vanillezucker mischen. Gleichmäßig auf den Muffins verteilen. Im heißen Ofen auf dem mit Backpapier belegten Rost auf der mittleren Schiene 20 Minuten backen. Mit dem Rost aus dem Ofen nehmen und 5 Minuten abkühlen lassen. Muffins vorsichtig aus den Formen lösen.

4 Aus Papier kleine Herzen von ca. 2 Zentimeter Länge ausschneiden, auf die Muffins setzen, mit Puderzucker bestäuben und die Papierherzen vorsichtig abheben. Muffins am besten noch warm servieren.

Tipp Man kann die Muffins auch nur mit Erdbeeren oder nur mit Rhabarber zubereiten; bei reinen Rhabarbermuffins sollte die Zuckermenge im Teig auf 150 Gramm erhöht werden.

Zutaten für 12 Stück

Teig

100 g Erdbeeren
100 g Rhabarber (am besten rotstieliger Himbeerrhabarber)
1/2 Vanilleschote
250 g Mehl
2 TL Backpulver
1/4 TL Natron
Salz
125 g Butter
2 Eier (Kl. M)
125 g brauner Zucker
250 g Vollmilchjoghurt

Kruste

30 g gehackte Mandeln
1 Päckchen Vanillezucker

Außerdem

2–3 EL Puderzucker

Zubereitungszeit: ca. 40 Min. (plus Abkühlzeit)

Dieses Rezept finden Sie auf Seite 10 unten abgebildet.

Birnen-Cranberry-Muffins

Zutaten für 12 Stück

70 g getrocknete Cranberrys
2 rotbackige, reife Birnen (à ca. 150 g)
2 EL Zitronensaft
250 g Mehl
2 TL Backpulver
1/4 TL Natron
1 Messerspitze gemahlene Nelken
Salz
1 Ei (Kl. M)
30 g brauner Zucker
80 ml neutrales Speiseöl
80 ml Ahornsirup
200 g Sauerrahm

Zubereitungszeit: ca. 45 Min. (plus Abkühlzeit)

Zubereitung

1 Für den Teig 50 Gramm Cranberrys hacken. 1 1/2 Birnen schälen, vierteln, entkernen und fein würfeln. Gehackte Cranberrys und Birnenwürfel mit 1/2 Esslöffel Zitronensaft mischen. 1/2 Birne vierteln, entkernen und quer in dünne Spalten schneiden. Spalten mit 1 1/2 Esslöffeln Zitronensaft mischen und beiseite stellen. Den Backofen auf 190 °C (Umluft 170 °C) vorheizen.

2 Mehl, Backpulver und Natron in eine Schüssel sieben, mit Nelke und 1 Prise Salz gut mischen. Birnenwürfel-Cranberry-Mischung dazugeben und alles mischen. Ei und braunen Zucker in einer zweiten Schüssel mit den Quirlen des Handrührgeräts schaumig schlagen. Öl nach und nach unter Rühren zugießen. Ahornsirup und Sauerrahm kurz unterrühren.

3 Mehl-Obst-Mischung zu der Ei-Öl-Mischung geben und alles mit einem Kochlöffel kurz verrühren, bis die Zutaten sich gerade so verbinden. Teig gleichmäßig in die Herzformen verteilen und glatt streichen. Mit den Birnenspalten belegen und mit 20 Gramm Cranberrys bestreuen.

4 Im heißen Ofen auf dem mit Backpapier belegten Rost auf der mittleren Schiene 18 bis 20 Minuten backen. Mit dem Rost aus dem Ofen nehmen und 5 Minuten abkühlen lassen. Muffins vorsichtig aus den Formen lösen und am besten warm servieren.

Tipps Statt der Cranberrys kann man Sultaninen und statt der Birnen auch Äpfel verwenden.
Diese Muffins (wie auch die auf Seite 21) eignen sich sehr gut zum Verschenken in einer Spanschachtel, ausgelegt mit Seiden- und Backpapier.

Mohn-Mirabellen-Muffins

Zutaten für 12 Stück

250 g Mirabellen aus dem Glas
1 Biolimette
200 g Mehl
2 TL Backpulver
1/4 TL Natron
Salz
50 g Mohnsamen
100 g Butter
1 Ei (Kl. M)
80 g Zucker
200 g Vollmilchjoghurt

Zubereitungszeit: ca. 50 Min. (plus Abkühlzeit)

Zubereitung

1 Mirabellen gut abtropfen lassen, halbieren und entsteinen. 18 Mirabellenhälften beiseite stellen. Die übrigen Hälften würfeln. Limette heiß waschen, trocknen und 1 Teelöffel Schale dünn abreiben. 2 Esslöffel Limettensaft auspressen. Den Backofen auf 190 °C (Umluft 170 °C) vorheizen.

2 Mehl, Backpulver und Natron in eine Schüssel sieben. 1 Prise Salz, Limettenschale, 40 Gramm Mohnsamen und Mirabellenwürfel zugeben und alles gut mischen. Die Butter bei milder Hitze zerlassen. Ei und Zucker in einer zweiten Schüssel mit den Quirlen des Handrührgeräts schaumig schlagen. Zerlassene Butter, Limettensaft und Joghurt kurz unterrühren.

3 Mehl-Mohn-Mischung zur Ei-Butter-Mischung geben und alles mit einem Kochlöffel kurz verrühren, bis die Zutaten sich gerade so verbinden. Teig gleichmäßig in die Herzformen verteilen und glatt streichen. Mit den beiseite gestellten Mirabellenhälften belegen, mit 10 Gramm Mohnsamen bestreuen.

4 Im heißen Ofen auf dem mit Backpapier belegten Rost auf der mittleren Schiene 18 Minuten backen. Mit dem Rost aus dem Ofen nehmen und 5 Minuten abkühlen lassen. Muffins vorsichtig aus den Förmchen lösen und am besten warm servieren.

Tipp In der Saison kann man natürlich auch frische Mirabellen verwenden – oder Zwetschgen. Bei Zwetschgenmuffins müssen die gesamten Zwetschgen gewürfelt werden, und man verwendet zum Belegen der Muffins auch Zwetschgenwürfel.

Bananen-Himbeer-Muffins

Zubereitung

1 Zitrone heiß waschen, trocknen und 1 Teelöffel Schale fein abreiben. 2 Esslöffel Saft auspressen. Frische Himbeeren verlesen. Mehl und Backpulver in eine Schüssel sieben, mit Zitronenschale und 1 Prise Salz gut mischen. 80 Gramm Himbeeren untermischen. Den Backofen auf 190 °C (Umluft 170 °C) vorheizen. Die Butter bei milder Hitze zerlassen.

2 Eier und Zucker in einer zweiten Schüssel mit den Quirlen des Handrührgeräts ca. 5 Minuten sehr cremig rühren. Die zerlassene Butter nach und nach unterrühren. Bananen schälen, in grobe Stücke schneiden. Zitronensaft zugeben und alles fein pürieren, es dürfen keine Bananenstücke mehr zu sehen sein. Das Püree zur Buttermischung geben und gut unterrühren. Die Mehlmischung zugeben und alles mit einem Kochlöffel kurz verrühren, bis die Zutaten sich gerade so verbinden. Teig in die Herzformen verteilen und glatt streichen. Übrige Himbeeren gleichmäßig auf den Muffins verteilen und leicht in den Teig drücken.

3 Im heißen Ofen auf dem mit Backpapier belegten Rost auf der mittleren Schiene 18 bis 20 Minuten (bei Verwendung von TK-Ware 5 Minuten länger) backen. Muffins mit dem Rost aus dem Ofen nehmen, 5 Minuten abkühlen lassen. Dann vorsichtig aus den Formen lösen. Kuvertüre hacken, in einer Schüssel über einem heißen Wasserbad vorsichtig zerlassen. Mit einem Teelöffel über die Muffins träufeln und die Muffins am besten warm servieren.

Tipp Statt der Himbeeren kann man auch Schattenmorellen (aus dem Glas) verwenden – dann hat man die klassische Kiba-Kombination. Außerdem kann man statt der weißen Kuvertüre auch Bitterkuvertüre verwenden.

Zutaten für 12 Stück

1 Biozitrone
150 g Himbeeren (ersatzweise TK)
220 g Mehl
1 TL Backpulver
Salz
100 g zimmerwarme Butter
2 Eier (Kl. M)
80 g Zucker
2 mittelgroße, reife Bananen

Dekoration

50 g weiße Kuvertüre

Zubereitungszeit: ca. 45 Min. (plus Abkühlzeit)

Dieses Rezept finden Sie auf Seite 2 oben abgebildet.

Karamell-Pecannuss-Schnecken

Zutaten für 12 Stück

Karamell
40 g Pecannusskerne
30 g Butter
50 g brauner Zucker
3 EL Sahne

Füllung
60 g brauner Zucker
1 TL Zimtpulver
40 g Butter

Teig
150 g Magerquark
50 g Zucker
Salz
6 EL Milch
6 EL neutrales Speiseöl
275 g Mehl
3 TL Backpulver

Außerdem
Mehl zum Ausrollen

Zubereitungszeit: ca. 1 Std. (plus Abkühlzeit)

ZUBEREITUNG

1 Für den Karamell die Pecannusskerne hacken. Butter, Zucker und Sahne in einen kleinen Topf geben, unter Rühren aufkochen. 1 Minute sprudelnd kochen lassen, dabei ständig rühren. Die gehackten Pecannusskerne untermischen. Masse gleichmäßig in die Herzformen verteilen. Für die Füllung braunen Zucker und Zimt mischen. Die Butter zerlassen. Den Backofen auf 200 °C (Umluft 180 °C) vorheizen.

2 Für den Teig Quark, Zucker, 1 Prise Salz, Milch und Öl in eine Rührschüssel geben und mit den Quirlen des Handrührgeräts 3 Minuten aufschlagen. Mehl und Backpulver mischen, zur Quarkmasse geben und mit den Knethaken des Handrührgeräts unterkneten.

3 Teig auf einer bemehlten Fläche 36 mal 30 Zentimeter groß ausrollen. Gleichmäßig mit der zerlassenen Butter bestreichen und mit der Zucker-Zimt-Mischung bestreuen. Teig von der langen Seite her aufrollen. Rolle mit einem scharfen Messer in 12 Scheiben à 3 Zentimeter Dicke schneiden. Die Scheiben mit der Schnittfläche nach oben in die Herzformen auf den Karamell setzen und leicht in die Herzform drücken.

4 Im heißen Ofen auf dem mit Backpapier belegten Rost auf der untersten Schiene 18 bis 20 Minuten backen. Mit dem Rost aus dem Ofen nehmen und 5 Minuten abkühlen lassen. Dann aus den Formen stürzen – Vorsicht, der Pecannusskaramell könnte noch heiß sein! Eventuell kleine Karamell-Nuss-Reste mit einem Teelöffel aus den Formen lösen und auf die Schnecken geben. Am besten warm servieren.

Tipp Statt der Pecannusskerne kann man ersatzweise Walnusskerne verwenden.

Lebkuchen-Backobst-Muffins

Zubereitung

1 Für den Teig Trockenobst fein würfeln. Die Orange heiß waschen, trocknen und 1 Teelöffel Schale dünn abreiben. 4 Esslöffel Orangensaft auspressen. Orangensaft und -likör (oder nur Orangensaft) aufkochen, über die Obstwürfel gießen und 10 Minuten marinieren. Nüsse in einer Pfanne ohne Fett bei mittlerer Hitze rösten, auf einen Teller geben und abkühlen lassen. Den Backofen auf 190 °C (Umluft 170 °C) vorheizen.

2 Mehl, Lebkuchengewürz, Backpulver und Natron in eine Schüssel sieben, mit 1 Prise Salz und den Nüssen gut mischen. Ei und Rohrzucker in einer zweiten Schüssel mit den Quirlen des Handrührgeräts schaumig schlagen. Öl nach und nach unter Rühren zugießen. Buttermilch zugeben und unterrühren.

3 Mehlmischung zur Ei-Öl-Mischung geben und alles mit einem Kochlöffel kurz verrühren. Marinierte Backobstwürfel mit der übrigen Marinierflüssigkeit zugeben und mit dem Kochlöffel untermischen, bis sich die Zutaten gerade so verbinden. Teig gleichmäßig in die Herzformen verteilen und glatt streichen. Im heißen Ofen auf dem mit Backpapier belegten Rost auf der mittleren Schiene 18 Minuten backen.

4 Inzwischen für die Dekoration Aprikosen waagrecht halbieren, dann aus den Hälften kleine Sterne oder Herzen ausstechen. Ahornsirup und Butter unter Rühren aufkochen, 1/2 Minute sprudelnd kochen lassen. Muffins mit dem Rost aus dem Ofen nehmen. Sofort mit der heißen Ahornsirupglasur bestreichen. Mit den Backobststernen oder -herzen belegen. 5 Minuten in den Formen abkühlen lassen, vorsichtig aus den Formen lösen und am besten warm servieren.

Zutaten für 12 Stück

Teig

- 80 g gemischtes Trockenobst
- 1 Bioorange
- 2 EL Orangenlikör (ersatzweise 2 EL Orangensaft)
- 50 g gehackte Haselnusskerne
- 200 g Mehl
- 3 TL Lebkuchengewürz
- 1 1/2 TL Backpulver
- 1/4 TL Natron
- Salz
- 1 Ei (Kl. M)
- 80 g brauner Rohrzucker
- 80 ml neutrales Speiseöl
- 200 ml Buttermilch

Dekoration

- 70 g getrocknete Aprikosen
- 6 EL Ahornsirup
- 10 g Butter

Zubereitungszeit: ca. 55 Min. (plus Abkühlzeit)

Schokoladen-Karamell-Muffins

Zutaten für 12 Stück

60 g weiche Karamellbonbons
60 g Bitterkuvertüre
240 g Mehl
1 1/2 TL Backpulver
1/4 TL Natron
Salz
100 g Butter
2 Eier (Kl. M)
90 g brauner Zucker
220 ml Buttermilch

Zubereitungszeit: ca. 40 Min. (plus Abkühlzeit)

Dieses Rezept finden Sie auf dem Cover links abgebildet.

Zubereitung

1 Die Karamellbonbons würfeln. Die Kuvertüre hacken und mit den Karamellbonbons mischen. Mehl, Backpulver und Natron in eine Schüssel sieben. 1 Prise Salz und 2/3 der Kuvertüre-Karamell-Mischung gut untermischen. Den Backofen auf 200 °C (Umluft 180 °C) vorheizen.

2 Butter bei milder Hitze zerlassen. Eier und Zucker in einer zweiten Schüssel mit den Quirlen des Handrührgeräts schaumig schlagen. Zerlassene Butter nach und nach unterrühren. Dann die Buttermilch kurz unterrühren.

3 Mehl-Kuvertüre-Mischung zu der Ei-Buttermilch-Masse geben und alles mit einem Kochlöffel kurz verrühren, bis sich der Teig gerade so verbindet. Teig gleichmäßig in die Herzformen verteilen und glatt streichen. Übrige Kuvertüre- und Karamellwürfel gleichmäßig auf die Muffins streuen. Im heißen Ofen auf dem mit Backpapier belegten Rost auf der mittleren Schiene 20 Minuten backen. Mit dem Rost aus dem Ofen nehmen und 5 Minuten abkühlen lassen. Muffins vorsichtig aus den Formen lösen und am besten warm servieren.

Tipp Man kann die Muffins statt mit Karamell auch mit kandiertem Ingwer herstellen. Dafür die Karamellbonbons einfach durch die gleiche Menge kandierten Ingwer ersetzen.

Orangen-Nougat-Muffins

Zubereitung

1 1 Orange heiß waschen, trocknen und 1 1/2 Teelöffel Schale fein abreiben. Alle Orangen so schälen, dass die weiße Haut entfernt wird. Orangenfilets zwischen den Trennhäuten herausschneiden, dabei den heraustropfenden Saft auffangen und aus den Resten gut ausdrücken. 100 Milliliter Saft abmessen. 80 Gramm Orangenfilets im Orangensaft fein pürieren. Nougat fein würfeln. Den Backofen auf 190 °C (Umluft 170 °C) vorheizen.

2 Mehl und Backpulver in eine Schüssel sieben, mit der Orangenschale, 75 Gramm Nougatwürfeln und 1 Prise Salz gut mischen. Ei und Zucker in einer zweiten Schüssel mit den Quirlen des Handrührgeräts schaumig schlagen. Öl nach und nach unter Rühren zugießen. Dann das Orangenpüree kurz unterrühren.

3 Mehlmischung zur Ei-Öl-Mischung geben und alles mit einem Kochlöffel kurz verrühren, bis sich die Zutaten gerade so verbinden. Teig gleichmäßig in die Herzformen verteilen und glatt streichen. Muffins mit den übrigen Orangenfilets und übrigem Nougat belegen.

4 Im heißen Ofen auf dem mit Backpapier belegten Rost auf der mittleren Schiene 18 Minuten backen. Mit dem Rost aus dem Ofen nehmen und 10 Minuten abkühlen lassen. Muffins vorsichtig aus den Förmchen lösen und am besten warm servieren.

Tipp Diese Muffins sind komplett ohne Milchprodukte und Butter und somit für Milcheiweißallergiker oder Personen mit Laktoseintoleranz gut geeignet.

Zutaten für 12 Stück

4 mittelgroße Bioorangen
100 g schnittfeste Nuss-Nougat-Masse
220 g Mehl
2 TL Backpulver
Salz
1 Ei (Kl. M)
100 g Zucker
90 ml neutrales Speiseöl (z. B. Raps- oder Sonnenblumenöl)

Zubereitungszeit: ca. 45 Min. (plus Abkühlzeit)

Erdnuss-Schoko-Chili-Muffins

Zutaten für 12 Stück

60 g geröstete und gesalzene Erdnusskerne
180 g Mehl
20 g Kakaopulver
1 1/2 TL Backpulver
1/4 TL Natron
2 TL Chiliflocken
1 Ei (Kl. M)
100 g brauner Rohrzucker
80 ml neutrales Speiseöl
130 g Erdnusscreme (creamy – ohne Stücke)
250 g Vollmilchjoghurt

Zubereitungszeit: ca. 40 Min. (plus Abkühlzeit)

Zubereitung

Die Erdnüsse grob hacken. Mehl, Kakao, Backpulver und Natron in eine Schüssel sieben. Chiliflocken und 30 Gramm Erdnüsse zugeben und alles gut vermischen. Den Backofen auf 190 °C (Umluft 170 °C) vorheizen.

In einer zweiten Schüssel Ei und Rohrzucker mit den Quirlen des Handrührgeräts schaumig schlagen, Öl nach und nach unter Rühren zugeben, dann die Erdnusscreme und den Joghurt unterrühren.

Die Mehlmischung zur Ei-Öl-Mischung geben und alles mit einem Kochlöffel kurz verrühren, bis die Zutaten sich gerade so verbinden. Teig in die Herzformen verteilen und glatt streichen. Übrige Erdnüsse auf die Muffins streuen.

Im heißen Ofen auf dem mit Backpapier belegten Rost auf der mittleren Schiene 18 Minuten backen. Mit dem Rost aus dem Ofen nehmen und 10 Minuten abkühlen lassen. Muffins vorsichtig aus den Formen lösen und am besten warm servieren.

Tipps Der Schärfegrad der Muffins lässt sich nach Belieben verstärken oder verringern, indem man die Menge der Chiliflocken erhöht oder reduziert. Wenn Kinder mitessen, kann man die Chiliflocken auch ganz weglassen.
Sehr hübsch sind die Muffins, wenn man sie mit einem Puderzuckermuster durch Auflegen eines Torten- oder Häkeldeckchens dekoriert – dann sollte man sie aber vor dem Backen nicht mit Erdnüssen bestreuen. Nach dem Backen lässt man die Muffins mit dem Boden nach oben auf einem Gitter abkühlen. So erhält man eine glatte Oberfläche zum Belegen und Bestäuben.

Dreierlei Hefeteigherzen

Zubereitung

1 Mehl in eine Schüssel geben, in die Mitte eine Mulde drücken. Hefe hineinbröckeln, 1 Esslöffel Zucker und 5 Esslöffel lauwarme Milch in die Mulde geben. Hefe-Milch-Zucker-Mischung mit Mehl vom Rand bedecken, dann abgedeckt an einem warmen Ort 25 bis 30 Minuten gehen lassen.

2 Die übrige lauwarme Milch, übrigen Zucker, Butter, 1 Prise Salz und Eigelbe zugeben und alles mit den Knethaken des Handrührgeräts 6 bis 8 Minuten zu einem sehr glatten, glänzenden, weichen Teig verkneten. Zugedeckt an einem warmen Ort 1 Stunde gehen lassen. Inzwischen Rum (oder Orangensaft) erhitzen, über die Sultaninen geben und diese marinieren.

3 Den Teig mit einem Kochlöffel nochmals gut durchschlagen, in 3 gleich große Portionen teilen. Unter 1 Portion mit einem Kochlöffel die marinierten Sultaninen kneten. Unter die zweite Portion die Schokoladentröpfchen kneten, die dritte pur lassen. Die Herzformen dünn mit weicher Butter ausstreichen – so bekommen die Herzen eine gute Kruste.

4 Den Sultaninenteig mit einem bemehlten Löffel in 4 gleich große Portionen teilen und in 4 Herzformen geben. Mit dem Schokoladenteig und dem puren Teig ebenso verfahren. Zugedeckt weitere 20 Minuten gehen lassen. Den Backofen auf 190 °C (Umluft 170 °C) vorheizen.

5 Herzen im heißen Ofen auf dem mit Backpapier belegten Rost auf der mittleren Schiene 18 bis 20 Minuten backen. Mit dem Rost aus dem Ofen nehmen und 5 Minuten abkühlen lassen. Teigherzen vorsichtig aus den Formen lösen und am besten warm servieren.

Zutaten für 12 Stück

250 g Mehl
20 g frische Hefe
50 g Zucker
125 ml lauwarme Milch
70 g zimmerwarme Butter
Salz
2 Eigelbe (Kl. M)
3 EL brauner Rum
(ersatzweise Orangensaft)
30 g Sultaninen
30 g Schokoladentröpfchen

Außerdem

zimmerwarme Butter für die Formen

Zubereitungszeit: ca. 45 Min. (plus Geh- und Abkühlzeit)

Bienenstichmuffins

Zutaten für 12 Stück

Guss
40 g Butter
30 g Zucker
1 EL Milch
50 g Mandelblättchen

Teig
220 g Mehl
1 1/2 TL Backpulver
Salz
1 Ei (KL. M)
80 g Zucker
1 Päckchen Vanillezucker
80 ml neutrales Speiseöl
200 ml Milch

Füllung
100 ml Milch
20 g backfestes Puddingcremepulver Vanillegeschmack

Zubereitungszeit: ca. 55 Min. (plus Abkühlzeit)

ZUBEREITUNG

1 Für den Guss Butter, Zucker und Milch in einen kleinen Topf geben und unter Rühren aufkochen, 1/2 Minute kochen lassen. Dann die Mandelblättchen unterrühren und die Masse beiseite stellen. Den Backofen auf 200 °C (Umluft 180 °C) vorheizen.

2 Für den Teig Mehl und Backpulver in eine Schüssel sieben, mit 1 Prise Salz gut vermischen. In einer zweiten Schüssel Ei, Zucker und Vanillezucker mit den Quirlen des Handrührgeräts schaumig schlagen. Öl nach und nach unter Rühren zugießen, dann die Milch kurz unterrühren. Die Mehlmischung zur Ei-Öl-Mischung geben und mit einem Kochlöffel kurz verrühren, bis die Zutaten sich gerade so verbinden. Die Hälfte des Teigs in die Herzformen geben und verstreichen.

3 Für die Füllung Milch in eine Rührschüssel geben. Das Cremepulver zufügen und mit einem Schneebesen 1 Minute verrühren. Creme in einen Gefrierbeutel füllen und vom Beutel eine ca. 1 Zentimeter große Ecke abschneiden. Creme als Klecks in die Mitte der Herzformen auf den Teig spritzen. Übrigen Teig darauf verteilen und vorsichtig glatt streichen. Den Mandelblättchenguss gleichmäßig auf den Muffins verteilen.

4 Im heißen Ofen auf dem mit Backpapier belegten Rost auf der mittleren Schiene 18 bis 20 Minuten backen. Mit dem Rost aus dem Ofen nehmen und 5 Minuten abkühlen lassen. Muffins vorsichtig aus den Formen lösen und am besten warm servieren.

Tipp Man kann die Muffins auch ohne Füllung zubereiten und einfach eine Vanillesahne dazu servieren.

Johannisbeer-Amarettini-Muffins

Zutaten für 12 Stück

Streusel

30 g Amarettini (italienische Mandelmakronen)
50 g Mehl
30 g Zucker
50 g zimmerwarme Butter

Teig

170 g rote Johannisbeeren
250 g Mehl
2 TL Backpulver
1/4 TL Natron
Salz
100 g Butter
1 Ei (Kl. M)
3 Tropfen Backaroma Bittermandel
100 g Zucker
250 g Vollmilchjoghurt

Außerdem

2 TL Puderzucker

Zubereitungszeit: ca. 50 Min. (plus Abkühlzeit)

Zubereitung

1 Für die Streusel Amarettini in einen Gefrierbeutel geben und mit einer Kuchenrolle fein zerbröseln. Brösel mit Mehl, Zucker und Butter in eine Schüssel geben. Zuerst mit den Knethaken des Handrührgeräts, dann mit den Händen zu Streuseln kneten. Bis zur Verwendung in den Kühlschrank stellen.

2 Für den Teig Johannisbeeren waschen, gut abtropfen lassen und von den Rispen streifen. Backofen auf 200 °C (Umluft 180 °C) vorheizen. Mehl, Backpulver und Natron in eine Schüssel sieben, 1 Prise Salz und 120 Gramm Johannisbeeren zugeben und gut mischen.

3 Butter bei milder Hitze zerlassen. Ei, Backaroma und Zucker in einer zweiten Schüssel mit den Quirlen des Handrührgeräts schaumig schlagen. Zerlassene Butter unterrühren. Joghurt zugeben und unterrühren. Mehlmischung zur Ei-Butter-Mischung geben und alles mit einem Kochlöffel kurz verrühren, bis die Zutaten sich gerade so verbinden.

4 Teig in die Herzformen verteilen und glatt streichen. Muffins mit den Streuseln und übrigen Johannisbeeren bestreuen. Im heißen Ofen auf dem mit Backpapier belegten Rost auf der mittleren Schiene 20 Minuten backen. Mit dem Rost aus dem Ofen nehmen und 5 Minuten abkühlen lassen. Muffins vorsichtig aus den Formen lösen und am besten warm mit Puderzucker bestäubt servieren.

Tipp Statt der Johannisbeeren kann man je nach Saison auch Rhabarberwürfel, Stachelbeeren, Cranberrys oder gemischte TK-Beeren verwenden. Letztere sollte man im gefrorenen Zustand verwenden, die Backzeit der Muffins erhöht sich dann um 5 Minuten.

Cupcakes für besondere Anlässe

Sie haben was zu feiern? Dann stecken Sie doch auch die kleinen Kuchen ins Festtagsgewand! Wie wäre es mit einem verführerischen Mokka-Schokoladen-Cupcake? Ihnen ist mehr nach etwas Exotischem? Dann wären Mango-Maracuja-Cupcakes genau richtig. Oder wie wäre es mit einer bunten Cupcakeraupe mit Waldmeistercreme für den Kindergeburtstag?

Walnuss-Marzipan-Cupcakes

Zutaten für 12 Stück

Teig
100 g Walnusskerne
125 g zimmerwarme Butter
100 g Zucker
1/2 TL gemahlener Zimt
Salz
3 Eier (Kl. M)
100 g Mehl
1 Messerspitze Backpulver

Creme
75 g Marzipanrohmasse
100 g zimmerwarme Butter
2 Tropfen Backaroma Bittermandel
150 g zimmerwarmer Doppelrahmfrischkäse
75 g Puderzucker

Dekoration
100 g Marzipanrohmasse
etwas Puderzucker zum Ausrollen

Zubereitungszeit: ca. 1 Std. (plus Kühlzeit)

Dieses Rezept finden Sie auf Seite 30 abgebildet.

ZUBEREITUNG

1 Die Walnusskerne im Blitzhacker fein mahlen, in einer Pfanne ohne Fett bei mittlerer Hitze rösten, auf einen Teller geben und abkühlen lassen. Den Backofen auf 190 °C (Umluft 170 °C) vorheizen.

2 Butter, Zucker, Zimt und 1 Prise Salz mit den Quirlen des Handrührgeräts 5 Minuten sehr cremig rühren. Die Eier nacheinander einzeln gut unterrühren. Mehl und Backpulver darauf sieben, gemahlene Walnüsse zugeben und alles unterrühren. Teig gleichmäßig in die Herzformen verteilen. Im heißen Ofen auf dem mit Backpapier belegten Rost auf der mittleren Schiene 15 bis 18 Minuten backen. Mit dem Rost aus dem Ofen nehmen und 5 Minuten abkühlen lassen. Dann vorsichtig aus den Formen lösen und abkühlen lassen.

3 Für die Creme das Marzipan auf einer Küchenreibe fein reiben. Marzipan, Butter und Bittermandelaroma mit den Quirlen des Handrührgeräts sehr cremig rühren. Frischkäse zugeben und erneut cremig aufschlagen. Puderzucker nach und nach unter Rühren zugeben. Marzipancreme in einen Spritzbeutel mit mittelgroßer Lochtülle füllen. Auf die Walnusscupcakes spritzen und 1 Stunde in den Kühlschrank stellen.

4 Für die Dekoration die Marzipanrohmasse auf einer mit Puderzucker bestäubten Arbeitsfläche ca. 3 Millimeter dünn ausrollen. Kleine Herzen von ca. 2 Zentimetern Länge ausstechen. Cupcakes mit den Herzen garniert servieren.

Tipp Für Nussallergiker lassen sich die Cupcakes mit gemahlenen Mandeln zubereiten. Als Dekoration kann man die Cupcakes auch einfach nur mit etwas Kakaopulver bestäuben.

Mokka-Schokoladen-Cupcakes

Zubereitung

1 Für den Teig Kuvertüre fein hacken und in einer Schüssel über einem heißen Wasserbad schmelzen, dann etwas abkühlen lassen. Den Backofen auf 190 °C (Umluft 170 °C) vorheizen.

2 Butter und 40 Gramm Zucker mit den Quirlen des Handrührgeräts ca. 5 Minuten sehr cremig rühren. Die Eigelbe nacheinander einzeln gut unterrühren. Dann die zerlassene Kuvertüre unterrühren. Mehl und Backpulver darauf sieben und kurz unterrühren. Eiweiß und 1 Prise Salz mit sauberen Quirlen halbsteif schlagen, 40 Gramm Zucker einrieseln lassen und 2 Minuten weiterschlagen. Den Eischnee unter den Teig heben. In die Herzformen füllen.

3 Im heißen Ofen auf dem mit Backpapier belegten Rost auf der mittleren Schiene 17 bis 20 Minuten backen. Inzwischen Espressopulver mit 2 Esslöffeln kochendem Wasser übergießen und darin auflösen, den Amaretto unterrühren. Teigherzen mit dem Rost aus dem Ofen nehmen, Teig mehrfach mit einem Holzspieß einstechen, Herzen mit der Espresso-Likör-Mischung tränken und 5 Minuten abkühlen lassen. Dann vorsichtig aus den Formen heben und vollständig abkühlen lassen.

4 Für die Creme Espressopulver mit 2 Esslöffeln kochendem Wasser übergießen, verrühren und abkühlen lassen, dann mit Amaretto, Mascarpone und Puderzucker mit einem Schneebesen zu einer glatten Creme verrühren. Sahne und Sahnesteif steif schlagen. Schlagsahne mit einem Teigspatel unter die Mascarponecreme heben. Creme mit einem Löffel auf die Herzen verteilen und mit dem Löffelrücken leicht Wellen in die Creme drücken. Die Schokolade mit einem Sparschäler in Locken raspeln und auf die Creme streuen. Dünn mit Kakao bestäubt servieren.

Zutaten für 12 Stück

Teig
100 g Bitterkuvertüre
120 g zimmerwarme Butter
80 g Zucker
3 Eier (Kl. M), getrennt
120 g Mehl
1 Messerspitze Backpulver
Salz
1 EL lösliches Espressopulver
3 EL Amaretto

Creme
1 EL lösliches Espressopulver
2 EL Amaretto
200 g Mascarpone
30 g Puderzucker
150 g Sahne
1 Päckchen Sahnesteif

Dekoration
40 g Vollmilchschokolade
2 TL Kakaopulver

Zubereitungszeit: ca. 1 Std. (plus Abkühlzeit)

Dieses Rezept finden Sie auf Seite 30 abgebildet.

Chai-Latte-Cupcakes

Zutaten für 12 Stück

Teig

3 Tassenportionen Instant-Chai-Latte-Milchtee-Getränkepulver (Typ Vanille-Zimt)
125 g zimmerwarme Butter
75 g Zucker
Salz
1 Ei (Kl. M)
2 Eigelbe (Kl. M)
80 g gemahlene Mandeln
180 g Mehl
1 1/2 TL Backpulver

Baiserhaube

2 Eiweiß (Kl. M)
Salz
80 g Zucker

Dekoration

2 TL Puderzucker
rote Zuckerherzen

Zubereitungszeit: ca. 1 Std. (plus Abkühlzeit)

Zubereitung

1 Chai-Latte-Pulver mit 125 Millilitern kochendem Wasser übergießen, gut umrühren und auskühlen lassen. Den Backofen auf 190 °C (Umluft 170 °C) vorheizen.

2 Butter, Zucker und 1 Prise Salz mit den Quirlen des Handrührgeräts 5 bis 8 Minuten sehr cremig rühren. Ei und Eigelbe einzeln jeweils gut unterrühren. Mandeln kurz unterrühren. Mehl und Backpulver darauf sieben, mit der abgekühlten Chaiteemischung kurz unterrühren. Teig in die Herzformen füllen. Im heißen Ofen auf dem mit Backpapier belegten Rost auf der mittleren Schiene 15 bis 17 Minuten backen.

3 Mit dem Rost aus dem Ofen nehmen, 5 Minuten in den Formen abkühlen lassen. Inzwischen den Backofengrill auf 280 °C vorheizen. Für die Baiserhaube Eiweiß und 1 Prise Salz mit den Quirlen des Handrührgeräts halbsteif schlagen, unter Schlagen den Zucker einrieseln lassen und 3 Minuten weiterschlagen, bis glänzender, fester Eischnee entsteht.

4 Die Teigherzen aus den Formen lösen, auf ein Backblech setzen. Baisermasse mit einem Spritzbeutel mit großer Sterntülle auf die Herzen spritzen. Im Ofen auf der mittleren Schiene 1/2 bis 1 Minute überbacken, bis das Baiser braune Spitzen bekommt. Am besten dabeibleiben und überwachen, dass es nicht verbrennt. Cupcakes abkühlen lassen, mit Puderzucker bestäuben und mit den Zuckerherzen bestreut servieren.

Tipps Statt Chaitee kann man auch 125 Milliliter kalten, starken Espresso in den Teig rühren.
Auf einer Etagere angerichtet und üppig mit Puderzucker und Zuckerherzen garniert, eignen sich die Cupcakes als Mitbringsel zu einer Hochzeit.

Mango-Maracuja-Cupcakes

Zutaten für 12 Stück

Teig

1 reife, aber feste Mango (ca. 300 g)
1 Biozitrone
180 g zimmerwarme Butter
120 g Zucker
Salz
3 Eier (Kl. M)
200 g Mehl
1 1/2 TL Backpulver

Creme

150 g weiße Kuvertüre
220 g zimmerwarmer Doppelrahmfrischkäse
50 g zimmerwarme Butter

Maracujapüree

2 Maracujas
25 g Puderzucker
2 TL Dessertsaucenpulver Vanille zum Kaltanrühren

Zubereitungszeit: ca. 1 Std. (plus Kühlzeit)

ZUBEREITUNG

1 Für den Teig die Mango schälen und das Fruchtfleisch vom Stein schneiden. 150 Gramm Mangofleisch fein würfeln, den Rest für die Dekoration beiseite stellen. Die Zitrone heiß waschen, trocknen und 1 1/2 Teelöffel Schale fein abreiben. 4 Esslöffel Saft auspressen. Den Backofen auf 180 °C (Umluft 160 °C) vorheizen.

2 Butter, Zucker, Zitronenschale und 1 Prise Salz mit den Quirlen des Handrührgeräts 5 Minuten sehr cremig rühren. Die Eier einzeln gut unterrühren. Mehl und Backpulver darauf sieben, mit 3 Esslöffeln Zitronensaft (übrigen Saft für das Maracujapüree verwenden) unterrühren. Mangowürfel kurz unterheben. Teig in die Formen verteilen. Im Ofen auf dem mit Backpapier belegten Rost auf der mittleren Schiene 18 bis 20 Minuten backen. Mit dem Rost aus dem Ofen nehmen, 5 Minuten abkühlen lassen, vorsichtig aus den Formen lösen und ganz abkühlen lassen.

3 Für die Creme Kuvertüre fein hacken und über einem heißen, nicht kochenden Wasserbad schmelzen. Dann abkühlen, aber nicht fest werden lassen. Frischkäse mit den Quirlen des Handrührgeräts cremig rühren, nach und nach Kuvertüre und Butter unterrühren. Creme kuppelförmig mit einem Löffel auf die abgekühlten Teigherzen verteilen und mit dem Löffelrücken leicht Wellen in die Creme drücken. Cupcakes 15 Minuten kalt stellen.

4 Maracujas halbieren, das Innere mit einem Löffel herauslösen, mit Puderzucker und 1 Esslöffel Zitronensaft kurz pürieren, durch ein Sieb streichen. Püree und Saucenpulver mit einem Schneebesen gut verrühren. 2 Minuten stehen lassen. Beiseite gestellte Mango in dünne Spalten schneiden. Püree über die Cupcakes träufeln, mit Mangos garniert servieren.

Holunder-Erdbeer-Cupcakes

Zubereitung

1 Für den Teig Zitrone heiß waschen, trocknen und 1 1/2 Teelöffel Schale fein abreiben. 3 Esslöffel Zitronensaft auspressen. Den Backofen auf 180 °C (Umluft 160 °C) vorheizen.

2 Butter, Zucker, Zitronenschale und 1 Prise Salz mit den Quirlen des Handrührgeräts 5 bis 8 Minuten sehr cremig rühren. Die Eier einzeln gut unterrühren. Mehl, Stärke und Backpulver darauf sieben. 3 Esslöffel Holunderblütensirup und 1 1/2 Esslöffel Zitronensaft zugeben, unterrühren. Teig gleichmäßig in die Formen verteilen. Im heißen Ofen auf dem mit Backpapier belegten Rost auf der mittleren Schiene 15 Minuten backen. 1 1/2 Esslöffel Zitronensaft und 5 Esslöffel Sirup mischen. Teigherzen mit dem Rost aus dem Ofen nehmen, mit einem Holzspieß einstechen, mit der Mischung beträufeln und 5 Minuten abkühlen lassen. Dann vorsichtig aus den Formen lösen und ganz abkühlen lassen.

3 Für die Creme Butter und Puderzucker mit den Quirlen des Handrührgeräts ca. 5 Minuten sehr cremig rühren. Konfitüre nach und nach unter Rühren zugeben und alles erneut cremig rühren. Frischkäse löffelweise zugeben und auf langsamer Stufe unterrühren. Creme für 30 Minuten in den Kühlschrank stellen, dann auf die Cupcakes geben.

4 Für die Dekoration Erdbeeren in stehendem Wasser waschen und gut abtropfen lassen. 150 Gramm Erdbeeren putzen und mit der Konfitüre fein pürieren. Das Püree über die Creme träufeln. Cupcakes mit den übrigen Erdbeeren und eventuell Blüten garniert servieren.

Tipp Die Creme lässt sich beliebig variieren, man kann die Konfitüre einfach durch eine andere Sorte ohne Fruchtstücke austauschen.

Zutaten für 12 Stück

Teig

- 1 Biozitrone
- 150 g zimmerwarme Butter
- 100 g Zucker
- Salz
- 3 Eier (Kl. M)
- 200 g Mehl
- 50 g Speisestärke
- 1 TL Backpulver
- 8 EL Holunderblütensirup

Creme

- 125 g zimmerwarme Butter
- 100 g Puderzucker
- 100 g zimmerwarme Erdbeerkonfitüre (ohne Stücke)
- 200 g zimmerwarmer Doppelrahmfrischkäse

Dekoration

- 400 g Erdbeeren
- 50 g Erdbeerkonfitüre
- eventuell je nach Jahreszeit Holunderblüten oder Rosenblätter

Zubereitungszeit: ca. 50 Min. (plus Kühlzeit)

Dieses Rezept finden Sie auf dem Cover rechts abgebildet.

Donauwellencupcakes

Zutaten für 12 Stück

Creme
250 ml Milch
20 g Vanillepuddingpulver
50 g Zucker
125 g zimmerwarme Butter
50 g Puderzucker

Teig
180 g Schattenmorellen aus dem Glas
20 g Bitterkuvertüre
1 TL Kakaopulver
150 g zimmerwarme Butter
100 g Zucker
Salz
3 Eier (Kl. M)
150 g Mehl
1 TL Backpulver
1 EL Milch

Dekoration
50 g Bitterkuvertüre
12 frische Kirschen mit Stiel (ersatzweise gut abgetropfte Schattenmorellen aus dem Glas)

Zubereitungszeit: ca. 1 Std. 15 Min. (plus Kühlzeit)

ZUBEREITUNG

Für die Creme 200 Milliliter Milch aufkochen. Übrige Milch, Puddingpulver und Zucker glatt rühren, in die kochende Milch einrühren, unter Rühren 1 Minute kochen lassen. Den Pudding in eine Schüssel füllen, direkt auf der Oberfläche mit Frischhaltefolie abdecken und abkühlen lassen.

Für den Teig Schattenmorellen gut abtropfen lassen. Die Kuvertüre auf der Küchenreibe fein reiben und mit Kakao mischen. Den Backofen auf 190 °C (Umluft 170 °C) vorheizen. Butter, Zucker und 1 Prise Salz mit den Quirlen des Handrührgeräts 5 bis 8 Minuten sehr cremig rühren. Die Eier einzeln gut unterrühren. Mehl und Backpulver darauf sieben und kurz unterrühren. Teig in 2 Hälften teilen. Unter eine Hälfte die Kuvertüre-Kakao-Mischung und die Milch rühren. Hellen Teig in die Herzformen verteilen, den dunklen Teig darauf geben. Beide mit einem Holzspieß ineinander marmorieren. Teig glatt streichen, Schattenmorellen darauf setzen. Im Ofen auf dem mit Backpapier belegten Rost auf der mittleren Schiene 18 bis 20 Minuten backen. Mit dem Rost aus dem Ofen nehmen. 5 Minuten abkühlen lassen, vorsichtig aus den Formen lösen, völlig abkühlen lassen.

Für die Creme Butter und Puderzucker mit den Quirlen des Handrührgeräts 5 Minuten sehr cremig rühren. Den Pudding esslöffelweise unter langsamem Rühren zugeben und glatt rühren. In einen Spritzbeutel mit großer Lochtülle füllen und in großen Tupfen auf die Teigherzen spritzen. 15 Minuten in den Kühlschrank stellen.

Kuvertüre hacken, in einer Schüssel über einem heißen Wasserbad schmelzen. Kirschen waschen und trocknen. Kuvertüre mit einem Teelöffel über die Creme träufeln. Cupcakes mit Kirschen garniert servieren.

Eierlikör-Schokoladen-Cupcakes

Zutaten für 12 Stück

Creme
200 g Bitterkuvertüre
100 g Vollmilchkuvertüre
150 g Sahne

Teig
2 Eier (Kl. M)
70 g Zucker
1 Päckchen Vanillezucker
Salz
100 ml neutrales Speiseöl
100 ml Eierlikör
80 g Mehl
40 g Speisestärke
1 1/2 TL Backpulver

Dekoration
200 g Sahne
6 EL Eierlikör

Außerdem
weiche Butter für die Formen

Zubereitungszeit: ca. 1 Std. (plus Kühlzeit)

Dieses Rezept finden Sie auf Seite 2 (Mitte) abgebildet.

ZUBEREITUNG

1 Für die Creme Bitter- und Vollmilchkuvertüre fein hacken. Sahne aufkochen, über die Kuvertüre gießen und kurz stehen lassen. Dann mit einem Kochlöffel rühren, bis die Kuvertüre gelöst ist. Masse bei Zimmertemperatur abkühlen lassen, dabei ab und zu mit dem Kochlöffel durchrühren.

2 Inzwischen für den recht flüssigen Teig die Formen dünn mit Butter ausstreichen. Den Backofen auf 190 °C (Umluft 170 °C) vorheizen. Eier, Zucker, Vanillezucker und 1 Prise Salz mit den Quirlen des Handrührgeräts ca. 8 bis 10 Minuten sehr dickcremig aufschlagen. Nach und nach unter Schlagen zuerst das Öl, dann den Eierlikör zugießen. Mehl, Stärke und Backpulver gemischt darauf sieben und kurz unterrühren.

3 Teig in die Herzformen füllen. Im heißen Ofen auf dem mit Backpapier belegten Rost auf der mittleren Schiene 15 bis 17 Minuten backen. Mit dem Rost aus dem Ofen nehmen und 5 Minuten abkühlen lassen. Dann vorsichtig aus den Formen lösen und vollständig abkühlen lassen.

4 Die Schokoladencreme in einen Spritzbeutel mit mittelgroßer Lochtülle füllen und als Umrandung auf die Teigherzen spritzen. Herzen 15 Minuten kalt stellen. Inzwischen für die Dekoration die Sahne steif schlagen, ebenfalls mit einem Spritzbeutel mit Lochtülle in die Mitte der Teigherzen spritzen. Eierlikör über die Herzen träufeln und servieren.

Tipp Diese Cupcakes können Sie gut in eine hübsch dekorierte Pappschachtel packen.

Rotwein-Nuss-Cupcakes

Zubereitung

1 Für den Teig die Nüsse in einer Pfanne ohne Fett anrösten, auf einen Teller geben und abkühlen lassen. Den Backofen auf 190 °C (Umluft 170 °C) vorheizen. Butter, Zucker, Zimt und 1 Prise Salz mit den Quirlen des Handrührgeräts 5 Minuten sehr cremig rühren. Eier einzeln gut unterrühren. Mehl, Kakao und Backpulver gemischt darauf sieben, mit dem Rotwein kurz unterrühren. Nüsse und Schokoladenstreusel kurz unterheben. Teig in die Formen füllen. Im heißen Ofen auf dem mit Backpapier belegten Rost auf der mittleren Schiene 15 bis 17 Minuten backen. Mit dem Rost aus dem Ofen nehmen und 5 Minuten abkühlen lassen. Dann vorsichtig aus den Formen lösen und vollständig abkühlen lassen.

2 Für die Rotweinglasur Rotwein, Zimtstange, Nelke und Sternanis in einem kleinen Topf aufkochen und offen bei starker Hitze auf 4 Esslöffel einkochen lassen. Durch ein Sieb in eine Schüssel gießen und abkühlen lassen.

3 Die Teigherzen auf der Oberseite eventuell flach schneiden, sodass eine gerade Fläche entsteht. 80 Gramm Puderzucker und Zitronensaft zu einem sehr dicken Guss verrühren, in einen Einwegspritz- oder einen Gefrierbeutel füllen und eine kleine Spitze abschneiden. Die Teigherzen damit als Umrandung umspritzen, übrigen Guss im Beutel beiseite stellen.

4 120 Gramm Puderzucker und abgekühlten Gewürzrotwein zu einem dickflüssigen Guss verrühren. Die Teigherzen mit dem rosafarbenen Guss ausfüllen, etwas trocknen lassen. Dann mit dem übrigen weißen Guss garnieren und vollständig trocknen lassen.

Zutaten für 12 Stück

Teig

50 g gehackte Haselnüsse
100 g zimmerwarme Butter
80 g Zucker
1/2 TL gemahlener Zimt
Salz
2 Eier (Kl. M)
100 g Mehl
1 TL Kakaopulver
1 1/2 TL Backpulver
100 ml Rotwein
50 g Zartbitter-Schokoladenstreusel

Glasuren

100 ml Rotwein
1 Zimtstange
1 Nelke
1 Sternanis
200 g Puderzucker
1–1 1/2 EL Zitronensaft

Zubereitungszeit: ca. 1 Std. (plus Kühl- und Trockenzeit)

Bunte Cupcakeraupe

Zutaten für 12 Stück

Teig
1 Biozitrone
2 Eier (Kl. M)
70 g Zucker
Salz
125 ml neutrales Speiseöl
100 ml Orangenlimonade
100 g Mehl
50 g Speisestärke
1 TL Backpulver

Waldmeistercreme
150 g Mascarpone
6 EL Waldmeistersirup
200 g Sahne
1 Päckchen Sahnesteif

Dekoration
150 g Marzipanrohmasse
20 g Puderzucker
grüne Back- und Speisefarbe
bunte Zuckerschrift zum Garnieren

Außerdem
weiche Butter für die Formen
Puderzucker zum Ausrollen
2 Zahnstocher für die Fühler

Zubereitungszeit: ca. 1 Std. (plus Abkühlzeit)

Zubereitung

1 Zitrone heiß waschen, trocknen, 1 Teelöffel Schale fein abreiben. 3 Esslöffel Saft auspressen, für die Creme beiseite stellen. Für den recht flüssigen Teig die Formen dünn mit Butter ausstreichen. Den Backofen auf 190 °C (Umluft 170 °C) vorheizen. Eier, Zucker, Zitronenschale und 1 Prise Salz mit den Quirlen des Handrührgeräts 8 bis 10 Minuten dick-cremig aufschlagen. Nach und nach unter Schlagen zuerst das Öl, dann die Limonade zugießen. Mehl, Stärke und Backpulver gemischt darauf sieben, kurz unterrühren. Teig in die Herzformen füllen. Im heißen Ofen auf dem mit Backpapier belegten Rost 15 bis 17 Minuten backen. Rost aus dem Ofen nehmen, 5 Minuten abkühlen lassen. Dann vorsichtig aus den Formen lösen, vollständig abkühlen lassen.

2 Für die Creme Mascarpone, Sirup und 3 Esslöffel Zitronensaft (vom Teig) gut verrühren. Sahne und Sahnesteif steif schlagen, unter die Creme heben. Mit einem Spritzbeutel mit mittelgroßer Lochtülle in Tupfen auf die Herzen spritzen. Cupcakes 20 Minuten kalt stellen.

3 Für die Dekoration Marzipan, Puderzucker und etwas grüne Speisefarbe zu hellgrünem Marzipan verkneten. Auf einer mit Puderzucker bestäubten Fläche dünn ausrollen. 12 Herzen von ca. 6,5 Zentimetern Länge ausstechen. Aus dem übrigen Marzipan 2 Kugeln als Fühler formen.

4 Marzipanherzen mit der Zuckerschrift als Raupe garnieren, dabei 1 Herz als Gesicht bemalen. Herzen auf die Cupcakes setzen, Fühlerkugeln mit Zahnstochern in das Herz mit Gesicht stecken. Cupcakes auf einem Tuch oder einer langen Platte zu einer Raupe zusammensetzen.

Schmetterlingscupcakes

Zubereitung

1 Für den recht flüssigen Teig die Formen dünn mit Butter ausstreichen. Den Backofen auf 190 °C (Umluft 170 °C) vorheizen. Eier, Zucker und 1 Prise Salz mit den Quirlen des Handrührgeräts 8 bis 10 Minuten sehr dickcremig aufschlagen. Nach und nach unter Schlagen zuerst das Öl, dann die Milch zugießen. Mehl, Stärke, Kakao und Backpulver gemischt darauf sieben und mit einem Schneebesen vorsichtig unterheben. Teig in die Formen füllen. Im Ofen auf dem mit Backpapier belegten Rost 15 Minuten backen. Mit dem Rost aus dem Ofen nehmen, 5 Minuten abkühlen lassen, vorsichtig aus den Formen lösen und völlig abkühlen lassen.

2 Für die Creme die Waffeln der Schokoküsse vorsichtig abtrennen und beiseite stellen. Die Schaummasse der Schokoküsse in eine Schüssel geben und fein zerdrücken, mit Quark und Puderzucker verrühren. Sahne und Sahnesteif steif schlagen. 2 Esslöffel Schlagsahne abnehmen, den Rest unter die Creme heben und Creme 15 Minuten kalt stellen.

3 Waffeln der Schokoküsse halbieren. Die Hälfte dünn mit den 2 Esslöffeln Schlagsahne bestreichen und nach Belieben mit bunter Zuckerdekoration garnieren. Creme in einen Spritzbeutel ohne Tülle füllen und auf die Teigherzen spritzen. 6 Cupcakes mit den Waffelhälften als Schmetterling garnieren. Übrige Cupcakes mit großen bunten Zuckerblüten garnieren. Dann sofort servieren.

Tipp Cupcakes und Creme kann man sehr gut am Vortag zubereiten. Man kann die Creme auch schon auf die Cupcakes spritzen und dann in den Kühlschrank stellen. Nur das Garnieren der Waffeln und der Cupcakes sollte man erst kurz vor dem Servieren machen, da die Deko sonst durchweicht. Mit Kerzen dekoriert perfekt für den Kindergeburtstag!

Zutaten für 12 Stück

Teig
2 Eier (Kl. M)
70 g Zucker
Salz
150 ml neutrales Speiseöl
75 ml Milch
80 g Mehl
30 g Speisestärke
2 TL Kakaopulver
1 1/2 TL Backpulver

Creme
6 Riesen-Schokoschaumküsse
100 g Speisequark (20 % Fett)
15 g Puderzucker
200 g Sahne
2 Päckchen Sahnesteif

Dekoration
bunte Zuckerperlen und -miniblümchen
12 größere Zuckerblumen

Außerdem
weiche Butter für die Formen

Zubereitungszeit: ca. 50 Min. (plus Kühlzeit)

Kokoscupcakes

Zutaten für 12 Stück

Creme
250 ml frisch gepresster Orangensaft (ca. 3 Orangen)
30 g Zucker
20 g Vanillepuddingpulver
150 g zimmerwarme Butter
50 g Puderzucker

Teig
1 Biolimette
2 Eier (Kl. M)
70 g Zucker
Salz
125 ml Öl
125 ml ungesüßte Kokosmilch
100 g Mehl
30 g Speisestärke
1 1/2 TL Backpulver

Zum Tränken
3 El Kokoslikör oder -sirup

Zum Bestreuen
40 g Kokosraspel

Außerdem
weiche Butter für die Formen

Zubereitungszeit: ca. 50 Min. (plus Kühlzeit)

Zubereitung

1 Für die Creme 200 Milliliter Orangensaft aufkochen. Übrigen Orangensaft, Zucker und Puddingpulver glatt rühren. Angerührtes Puddingpulver in den kochenden Saft einrühren. Pudding unter Rühren 1 Minute kochen lassen, in eine Schüssel füllen, direkt auf der Oberfläche mit Frischhaltefolie abdecken und abkühlen lassen.

2 Die Formen für den recht flüssigen Teig dünn mit Butter ausstreichen. Den Backofen auf 190 °C (Umluft 170 °C) vorheizen. Für den Teig die Limette heiß waschen, trocknen und 1 Teelöffel Schale dünn abreiben. 3 Esslöffel Limettensaft auspressen. Eier, Zucker, 1 Prise Salz und Limettenschale mit den Quirlen des Handrührgeräts 8 bis 10 Minuten sehr dickcremig aufschlagen. Nach und nach unter Schlagen zuerst das Öl, dann die Kokosmilch unterrühren. Mehl, Stärke und Backpulver darauf sieben und mit 1 Esslöffel Limettensaft kurz unterrühren.

3 Teig in die Herzformen füllen. Im heißen Ofen auf dem mit Backpapier belegten Rost 15 Minuten backen. Zum Tränken übrigen Limettensaft vom Teig und Kokoslikör oder -sirup mischen. Teigherzen mit dem Rost aus dem Ofen nehmen, mit einem Holzspieß einstechen, mit der Mischung beträufeln und 5 Minuten abkühlen lassen. Dann vorsichtig aus den Formen lösen und vollständig abkühlen lassen.

4 Nach dem Abkühlen der Teigherzen und wenn der Pudding Zimmertemperatur hat, Butter und Puderzucker mit den Quirlen des Handrührgeräts 5 Minuten sehr cremig rühren. Den Pudding esslöffelweise unter langsamem Rühren zugeben und zu einer glatten Creme rühren. In einen Spritzbeutel mit großer Lochtülle füllen und auf die Teigherzen spritzen. Mit den Kokosraspeln bestreuen und servieren.

Rüblicupcakes

Zubereitung

1 Möhren putzen, dabei etwas von dem inneren Grün in Wasser beiseite stellen. Die Möhren schälen und auf einer Haushaltsreibe fein reiben. Marzipan grob raspeln und mit den Eigelben, 30 Gramm Zucker und 1 Esslöffel lauwarmem Wasser mit den Quirlen des Handrührgeräts ca. 5 Minuten sehr cremig rühren. Möhren und Haselnüsse unterrühren. Den Backofen auf 190 °C (Umluft 170 °C) vorheizen.

2 Eiweiß und 1 Prise Salz mit den sauberen Quirlen des Handrührgeräts halbsteif schlagen. 30 Gramm Zucker unter Schlagen einrieseln lassen, 2 Minuten weiterschlagen, bis ein cremig-fester Eischnee entsteht. Eischnee, Mehl und Backpulver auf die Möhrenmasse geben und unterheben. Teig in die Herzformen füllen und glatt streichen. Im heißen Ofen auf dem mit Backpapier belegten Rost 18 bis 20 Minuten backen. Mit dem Rost aus dem Ofen nehmen, 5 Minuten abkühlen lassen. Dann vorsichtig aus den Formen lösen, vollständig abkühlen lassen.

3 Für die Creme die Vanilleschote aufschlitzen, das Mark herauskratzen. Orange heiß waschen, trocknen, 1 Teelöffel Schale dünn abreiben. 2 Esslöffel Saft auspressen. Vanillemark, Frischkäse, Orangenschale, -saft und Puderzucker verrühren. Creme 15 Minuten kalt stellen.

4 Für die Marzipanmöhren Marzipan, Puderzucker, etwas gelbe und einen Spritzer rote Speisefarbe zu orangefarbenem Marzipan verkneten. In 12 gleich große Portionen teilen, zu Möhren formen, mit einem Messerrücken leicht Kerben drücken. Das beiseite gestellte Grün als Grün in die Möhren stecken. Die Creme mit einem Löffel auf die Teigherzen verteilen und mit dem Löffelrücken leichte Wellen drücken. Mit den Marzipanmöhren garniert servieren.

Zutaten für 12 Stück

Teig

350 g Bundmöhren
50 g Marzipanrohmasse
3 Eier (Kl. M), getrennt
60 g Zucker
150 g gemahlene Haselnusskerne
Salz
40 g Mehl
1 1/2 TL Backpulver

Creme

1/2 Vanilleschote
1 Bioorange
300 g Doppelrahmfrischkäse
70 g Puderzucker

Marzipanmöhren

100 g Marzipanrohmasse
20 g Puderzucker
gelbe und rote Back- und Speisefarben

Zubereitungszeit: ca. 1 Std. (plus Kühlzeit)

Herzhaft gute Muffins

Wer sagt denn, man dürfe sich nicht mit Muffins satt essen? Ob Sie bei Gorgonzola-Feigen-Muffins an Italien denken oder bei Lachstörtchen an Schweden, hier dürfen Sie sich bedienen! Kürbis-Speck-Muffins stimmen auf Österreich ein, und die Ziegenkäsetörtchen mit roten Zwiebeln geben sich sehr französisch.

Gorgonzola-Feigen-Muffins

Zutaten für 12 Stück

60 g getrocknete Feigen
200 g Gorgonzolakäse
24 mittelgroße Salbeiblätter (ersatzweise 1 TL getrockneter Salbei)
250 g Mehl
2 TL Backpulver
1/2 TL Natron
1 TL feines Meersalz
Pfeffer aus der Mühle
1 Ei (Kl. M)
1/2 TL Zucker
100 ml Olivenöl
250 ml Buttermilch
25 g Pinienkerne

Zubereitungszeit: ca. 45 Min. (plus Abkühlzeit)

Dieses Rezept finden Sie auf Seite 48 links abgebildet.

ZUBEREITUNG

Für den Teig die Feigen fein würfeln. Gorgonzola würfeln oder in Stücke zerpflücken. 12 Salbeiblätter fein hacken. Mehl, Backpulver und Natron in eine Schüssel sieben, Salz, etwas Pfeffer, gehackten Salbei, Feigen und 120 Gramm Gorgonzola zugeben und alles gut mischen. Den Backofen auf 190 °C (Umluft 170 °C) vorheizen.

Ei und Zucker in einer zweiten Schüssel mit den Quirlen des Handrührgeräts ca. 5 Minuten sehr schaumig rühren. Olivenöl nach und nach unter Rühren zugießen. Dann die Buttermilch unterrühren.

Mehl-Gorgonzola-Mischung zu der Ei-Öl-Mischung geben und alles mit einem Kochlöffel kurz verrühren, bis die Zutaten sich gerade so verbinden. Teig gleichmäßig in die Herzformen verteilen und glatt streichen. Muffins mit den Pinienkernen und 80 Gramm Gorgonzola bestreuen.

Im heißen Ofen auf dem mit Backpapier belegten Rost auf der mittleren Schiene 18 bis 20 Minuten backen. Mit dem Rost aus dem Ofen nehmen und 5 Minuten abkühlen lassen. Muffins vorsichtig aus den Formen lösen und am besten warm mit den übrigen Salbeiblättern garniert servieren.

Tipp Als Geschenk zu einem Sommerpicknick ein hübsches Geschirrtuch ausbreiten und in die Mitte einen festen Karton legen. Die Muffins darauf setzen und die Ecken des Geschirrtuchs locker zu einem Knoten schlingen. Mit Kräutern verzieren.

Champignon-Oliven-Muffins

Zubereitung

1 Für den Teig die getrockneten Steinpilze in einem Blitzhacker fein mahlen. Oliven abtropfen lassen, vom Kern schneiden und Olivenfleisch fein würfeln. Champignons putzen und ca. 1/2 Zentimeter groß würfeln. Käse grob raspeln. Thymianblättchen bis auf 5 bis 6 Stiele zum Garnieren abzupfen und fein hacken. Den Backofen auf 190 °C (Umluft 170 °C) vorheizen.

2 Mehl, Backpulver und Natron in eine Schüssel sieben. Salz, etwas Pfeffer, gehackten Thymian, Oliven, Champignons und Käseraspel zugeben und gut untermischen.

3 Ei und Zucker in einer zweiten Schüssel mit den Quirlen des Handrührgeräts ca. 5 Minuten sehr schaumig rühren. Das Olivenöl nach und nach unter Rühren zugießen. Dann den Weißwein unterrühren.

4 Mehl-Oliven-Mischung zu der Ei-Öl-Mischung geben und alles mit einem Kochlöffel kurz verrühren, bis die Zutaten sich gerade so verbinden. Teig gleichmäßig in die Herzformen verteilen und glatt streichen. Für die Kruste Käse raspeln, auf die Muffins streuen. Dann die Semmelbrösel darauf verteilen. Butter in kleine Flöckchen teilen und auf die Brösel setzen.

5 Im heißen Ofen auf dem mit Backpapier belegten Rost auf der mittleren Schiene 20 Minuten backen. Mit dem Rost aus dem Ofen nehmen und 5 Minuten abkühlen lassen. Muffins vorsichtig aus den Formen lösen und am besten warm mit dem übrigen Thymian garniert servieren.

Zutaten für 12 Stück

Teig

5 g getrocknete Steinpilze
50 g schwarze Kalamataoliven
100 g weiße Champignons
100 g Emmentalerkäse
20 Stiele Thymian (ersatzweise 1 TL getrockneter Thymian)
220 g Mehl
2 TL Backpulver
1/2 TL Natron
1 TL feines Meersalz
weißer Pfeffer aus der Mühle
1 Ei (Kl. M)
1/2 TL Zucker
100 ml Olivenöl
175 ml trockener Weißwein

Kruste

50 g Emmentalerkäse
25 g Semmelbrösel
15 g kalte Butter

Zubereitungszeit: ca. 45 Min. (plus Abkühlzeit)

Tabouléhmuffins

Zutaten für 12 Stück

Teig

70 g Couscous
Salz
1 gelbe Paprikaschote
1 Bund glatte Petersilie (ersatzweise 6 EL TK-Petersilie)
4 Stiele Minze
1 Biozitrone
200 g Mehl
2 TL Backpulver
1/2 TL Natron
1 1/2 TL feines Meersalz
weißer Pfeffer aus der Mühle
1 Ei (Kl. M)
1/2 TL Zucker
100 ml Olivenöl
220 g Vollmilchjoghurt

Zum Belegen

1 EL Olivenöl
12 Kirschtomaten (eventuell mit Stiel)

Zubereitungszeit: ca. 50 Min. (plus Abkühlzeit)

ZUBEREITUNG

1 Couscous in leicht gesalzenem Wasser nach Packungsanweisung garen. Dann in eine Schüssel füllen, mit einer Gabel gut auflockern und abkühlen lassen. Der gegarte Couscous wiegt nun ca. 150 Gramm.

2 Paprika waschen, putzen und ca. 1/2 Zentimeter groß würfeln. Petersilie abzupfen und fein hacken. Minzeblätter abzupfen und fein hacken. Zitrone heiß waschen, trocknen und 1 Teelöffel Schale fein abreiben. 3 Esslöffel Saft auspressen. Den Backofen auf 190 °C (Umluft 170 °C) vorheizen.

3 Mehl, Backpulver und Natron in eine Schüssel sieben, Salz, etwas Pfeffer, Zitronenschale, gehackte Kräuter, Paprikawürfel und 100 Gramm vom gegarten Couscous zugeben, gut untermischen.

4 Ei und Zucker in einer zweiten Schüssel mit den Quirlen des Handrührgeräts ca. 5 Minuten sehr schaumig rühren. Olivenöl nach und nach unter Rühren zugießen. Joghurt und Zitronensaft kurz unterrühren. Mehl-Paprika-Mischung zur Ei-Öl-Mischung geben und alles mit einem Kochlöffel kurz verrühren, bis die Zutaten sich gerade so verbinden.

5 Teig gleichmäßig in die Formen verteilen und glatt streichen. Zum Belegen übrigen Couscous und Olivenöl mischen, auf die Muffins streuen. Tomaten waschen, trocknen, je 1 Tomate auf jeden Muffin setzen und leicht eindrücken. Im heißen Ofen auf dem mit Backpapier belegten Rost auf der mittleren Schiene 20 bis 22 Minuten backen. Mit dem Rost aus dem Ofen nehmen und 5 Minuten abkühlen lassen. Muffins vorsichtig aus den Formen lösen und am besten warm servieren.

Ziegenkäse-Zwiebel-Törtchen

Zubereitung

1 Teigplatten auf einer Arbeitsfläche ausbreiten und auftauen lassen. Für die Füllung Zwiebeln abziehen, halbieren und in dünne Streifen schneiden. Zucchini putzen, längs halbieren und quer in dünne Scheiben schneiden. Olivenöl erhitzen. Zucchini und Zwiebeln 3 bis 4 Minuten anbraten. Mit Salz, Pfeffer und etwas Zucker würzen. In eine Schüssel geben und abkühlen lassen. Für den Guss Ziegenkäse, Milch, Kümmel und Eier mit einem Pürierstab gut durchmixen. Mit Salz und Pfeffer abschmecken. Den Backofen auf 200 °C (Umluft 180 °C) vorheizen.

2 Blätterteigplatten aufeinanderlegen und auf einer leicht bemehlten Fläche dünn ausrollen. 12 Kreise von 11 Zentimetern Durchmesser ausschneiden. Die Formen mit den Kreisen auslegen und gut in die Form drücken, Teig mehrfach mit einer Gabel einstechen. 10 Minuten kalt stellen.

3 Die Teigreste aufeinanderlegen (nicht verkneten – dann geht der Blätterteig nicht auf). Erneut auf einer bemehlten Fläche dünn ausrollen, zu Herzen von ca. 4 Zentimetern Länge ausstechen, auf ein mit Backpapier belegtes Blech legen. Im heißen Ofen auf der mittleren Schiene 10 bis 12 Minuten backen. Die Formen mit der Zwiebel-Zucchini-Masse füllen. Den Ziegenkäseguss vorsichtig in die Formen gießen. Törtchen nach den Herzen auf dem mit Backpapier belegten Rost auf der untersten Schiene 22 bis 25 Minuten backen.

4 Für den Salat die Rauke putzen, waschen und trockenschleudern. Aceto balsamico, etwas Salz, Pfeffer, Honig, Oliven- und Walnussöl gut verschlagen. Die Törtchen mit dem Rost aus dem Ofen nehmen, 5 Minuten abkühlen lassen. Dann vorsichtig aus den Formen lösen, mit dem Salat anrichten und mit den Blätterteigherzen garniert servieren.

Zutaten für 12 Stück

Teig
300 g TK-Blätterteig

Füllung
350 g rote Zwiebeln
250 g Zucchini
3 EL Olivenöl
Salz, Pfeffer
Zucker

Guss
70 g Ziegenfrischkäse
100 ml Milch
1/4 TL gemahlener Kümmel
2 Eier (Kl. M)
Salz, Pfeffer

Salat
150 g Rauke
3 EL weißer Aceto balsamico
Salz, Pfeffer aus der Mühle
1 TL Akazienhonig
3 EL Olivenöl
3 EL Walnussöl

Außerdem
Mehl zum Ausrollen

Zubereitungszeit: ca. 1 Std. 15 Min. (plus Kühlzeit)

Kürbis-Speck-Muffins

Zutaten für 12 Stück

Muffins
100 g Tiroler Speck
1 EL Öl
250 g Kürbis (z. B. Hokkaido- oder Muskatkürbis)
1 Bund Schnittlauch (ersatzweise 3 EL TK-Schnittlauch)
100 g Butter
220 g Mehl
2 TL Backpulver
1/2 TL Natron
1 TL feines Meersalz
Pfeffer
Muskatnuss, frisch gerieben
1 Ei (Kl. M)
1/2 TL Zucker
220 ml Buttermilch
30 g Kürbiskerne

Dip
1/4 Bund Brunnenkresse (ca. 80 g)
250 g Schmand
Salz, Pfeffer
4 EL Mineralwasser mit Kohlensäure

Zubereitungszeit: ca. 50 Min. (plus Abkühlzeit)

Zubereitung

Für die Muffins den Speck fein würfeln und in einer Pfanne im heißen Öl kross ausbraten, auf Küchenpapier abtropfen und abkühlen lassen. Kürbis entkernen und dünn schälen. Kürbisfleisch raspeln. Schnittlauch in feine Röllchen schneiden. Butter bei milder Hitze zerlassen. Den Backofen auf 190 °C (Umluft 170 °C) vorheizen.

Mehl, Backpulver und Natron in eine Schüssel sieben, Salz, etwas Pfeffer und Muskatnuss, Schnittlauch, abgekühlte Speckwürfel und Kürbisraspel zugeben und gut untermischen.

Ei und Zucker in einer zweiten Schüssel mit den Quirlen des Handrührgeräts ca. 5 Minuten sehr schaumig rühren. Zerlassene Butter nach und nach unter Rühren zugießen. Buttermilch kurz unterrühren. Mehl-Kürbis-Mischung zur Ei-Butter-Mischung geben, alles mit einem Kochlöffel kurz verrühren, bis die Zutaten sich gerade so verbinden. Teig gleichmäßig in die Formen verteilen und glatt streichen. Muffins mit Kürbiskernen bestreuen. Im heißen Ofen auf dem mit Backpapier belegten Rost auf der mittleren Schiene 20 bis 22 Minuten backen.

Für den Dip Brunnenkresse abzupfen und grob hacken, mit Schmand, etwas Salz, Pfeffer und Mineralwasser verrühren. Muffins mit dem Rost aus dem Ofen nehmen und 5 Minuten abkühlen lassen. Dann vorsichtig aus den Formen lösen und warm mit dem Dip servieren.

Tipp Spanische Variante: Statt Tiroler Speck verwendet man Chorizowurst, die man ausbrät. Statt Kürbis nimmt man Paprikawürfel, statt Schnittlauch gehackte Petersilie und statt Muskatnuss scharfes Paprikapulver. Die Kürbiskerne ersetzt man durch gehackte Mandeln.

Curry-Puten-Muffins

Zutaten für 12 Stück

80 g geräucherte Putenbrust
100 g Möhren
20 g Ingwerwurzel
1 rote Chilischote
4 schlanke Frühlingszwiebeln
100 g Butter
220 g Mehl
2 TL Backpulver
1/2 TL Natron
1 TL feines Meersalz
2 TL mildes Currypulver
1 Ei (Kl. M)
1/2 TL Zucker
220 g Vollmilchjoghurt

Zubereitungszeit: ca. 50 Min. (plus Abkühlzeit)

Zubereitung

Für den Teig die Putenbrust würfeln. Möhren schälen und raspeln. Ingwer dünn schälen und fein reiben. Chilischote längs aufschlitzen, entkernen und fein hacken. Frühlingszwiebeln putzen und in feine Ringe schneiden. Die Butter bei milder Hitze zerlassen. Den Backofen auf 200 °C (Umluft 180 °C) vorheizen.

Mehl, Backpulver und Natron in eine Schüssel sieben, Salz, Currypulver, Möhren, Chili, Ingwer, Putenbrust und Frühlingszwiebeln zugeben und gut untermischen. Ei und Zucker in einer zweiten Schüssel mit den Quirlen des Handrührgeräts ca. 5 Minuten sehr schaumig rühren. Zerlassene Butter nach und nach unter Rühren zugießen. Dann den Joghurt kurz unterrühren.

Mehl-Möhren-Mischung zur Ei-Butter-Mischung geben und alles mit einem Kochlöffel kurz verrühren, bis die Zutaten sich gerade so verbinden. Teig gleichmäßig in die Herzformen verteilen und glatt streichen. Im heißen Ofen auf dem mit Backpapier belegten Rost auf der mittleren Schiene 20 Minuten backen. Mit dem Rost aus dem Ofen nehmen und 5 Minuten abkühlen lassen. Muffins vorsichtig aus den Formen lösen und am besten warm servieren.

Tipp Wer es vegetarisch mag, kann die geräucherte Putenbrust weglassen und stattdessen 100 Gramm rote oder gelbe Paprikawürfel untermischen. Wer es knuspriger mag, kann die Muffins vor dem Backen mit 40 Gramm gehackten, gerösteten Erdnuss- oder Cashewkernen bestreuen.

Hack-Schafskäse-Törtchen

Zubereitung

1 Den Spinat nach Packungsanweisung auftauen. Den Backofen auf 200 °C (Umluft 180 °C) vorheizen. Die Butter zerlassen. Die Teigblätter nacheinander damit bestreichen und je 3 Teigblätter aufeinanderlegen. Beide Blätterstapel längs halbieren und quer in 3 Stücke teilen, sodass 12 Rechtecke von ca. 10 mal 15 Zentimetern entstehen.

2 Mit der gebutterten Seite nach oben in die Herzformen legen und gut in die Formen drücken. Aus Backpapier ebenfalls 12 Rechtecke von ca. 10 mal 15 Zentimetern schneiden, auf den Teig in die Formen legen, gut andrücken. Mit Hülsenfrüchten auffüllen. Auf dem mit Backpapier belegten Rost auf der untersten Schiene 12 bis 15 Minuten vorbacken.

3 Für die Hackmasse Toastbrot in kaltem Wasser einweichen. Knoblauch abziehen und fein hacken. Brot sehr gut ausdrücken, mit Hack, Knoblauch, Ei, dem abgekühlten Spinat, etwas Salz, Pfeffer und Chilipulver zu einer glatten Masse verkneten. Feta grob zerkrümeln und 50 Gramm unter die Hackmasse mischen. Peperoni gut abtropfen lassen.

4 Herzformen mit dem Rost aus dem Ofen nehmen. Hülsenfrüchte und Backpapier aus den Formen entfernen. Hackmasse in die vorgebackenen Teigmulden geben. Mit dem übrigen Feta bestreuen und mit je 1 Peperoni belegen. Weitere 22 bis 25 Minuten auf der untersten Schiene backen. Mit dem Rost aus dem Ofen nehmen. 5 Minuten abkühlen lassen, vorsichtig aus den Formen lösen und sofort heiß servieren.

Tipp Die Hülsenfrüchte vom Blindbacken eignen sich nicht mehr zum Kochen, aber zum Blindbacken kann man sie immer wieder verwenden.

Zutaten für 12 Stück

150 g TK-Rahmspinat (gehackt)
50 g Butter
6 Blätter Filo- oder Yufkateig (je 31 x 30 cm; siehe Seite 6)
1 Scheibe Toastbrot
1 Knoblauchzehe
250 g gemischtes Hackfleisch
1 Ei (Kl. M)
Salz, Pfeffer
Chilipulver
100 g Feta
12 eingelegte Peperoni, mild

Außerdem

Backpapier und Hülsenfrüchte zum Blindbacken

Zubereitungszeit: ca. 1 Std. (plus Abkühlzeit)

Dieses Rezept finden Sie auf Seite 2 unten abgebildet.

Lachs-Estragon-Törtchen

Zutaten für 12 Stück

14 Scheiben Sandwichtoast (extra soft)
300 g Lachsfilet
1 Schalotte
1/2 Bund Estragon
1 Biozitrone
1 Ei (Kl. M)
150 g Crème fraîche
2 EL trockener Wermut (z. B. Noilly Prat; ersatzweise trockener Weißwein)
Salz, Pfeffer
100 g Räucherlachs in Scheiben

Zubereitungszeit: ca. 1 Std. (plus Abkühlzeit)

ZUBEREITUNG

1 12 Scheiben Toast entrinden und nacheinander zwischen 2 Stücken Backpapier dünn ausrollen. Aus jeder ausgerollten Scheibe 1 Kreis von 15 Zentimetern Durchmesser ausstechen. In die Herzformen legen und gut andrücken. Den Backofen auf 190 °C (Umluft 170 °C) vorheizen.

2 2 Scheiben Toast in kaltem Wasser einweichen. Lachsfilet sehr fein hacken. Schalotte abziehen und fein würfeln. Estragon, bis auf 4 Stiele zum Garnieren, abzupfen und fein hacken. Zitrone heiß waschen und trocknen, halbieren, aus 1 Hälfte 2 Esslöffel Saft auspressen. Zweite Hälfte in dünne Scheiben schneiden, diese zum Garnieren beiseite stellen.

3 Eingeweichte Toastscheiben sehr gut ausdrücken, mit dem gehackten Lachs, Schalotte, gehacktem Estragon, Ei, 2 Esslöffeln Crème fraîche, Wermut (oder Weißwein), Zitronensaft, etwas Salz und Pfeffer verkneten.

4 Fischmasse in die Herzformen verteilen. Im heißen Ofen auf dem mit Backpapier belegten Rost auf der untersten Schiene 22 bis 25 Minuten backen. Mit dem Rost aus dem Ofen nehmen und 5 Minuten abkühlen lassen. Räucherlachs in 12 Stücke schneiden. Beiseite gestellte Zitronenscheiben halbieren oder vierteln. Fischtörtchen aus den Formen lösen. Übrige Crème fraîche mit einem Löffel auf die Törtchen geben. Mit dem Räucherlachs belegen, mit den Zitronenscheiben und übrigem Estragon garniert servieren.

Mexikanische Garnelenmuffins

Zutaten für 12 Stück

200 g rohe TK-Garnelen (küchenfertig, ohne Schale)
1 kleine rote Paprikaschote
1/2 Bund Koriandergrün
1 grüne Peperoni
1 Biolimette
Salz
140 g Mehl
2 TL Backpulver
1/2 TL Natron
120 g Polenta
1 TL feines Meersalz
1/2 TL gemahlener Kreuzkümmel
1 Ei (Kl. M)
1/2 TL Zucker
100 ml Olivenöl
250 ml Buttermilch

Zubereitungszeit: ca. 50 Min. (plus Auftau- und Abkühlzeit)

Dieses Rezept finden Sie auf Seite 48 rechts abgebildet.

ZUBEREITUNG

Die Garnelen auf einem Sieb bei Zimmertemperatur auftauen lassen. Wenn sie aufgetaut sind, Paprika putzen und fein würfeln. Koriander, bis auf einige Stiele zum Garnieren, abzupfen und fein hacken. Peperoni längs aufschlitzen, entkernen und fein hacken. Limette heiß waschen, trocknen und 1 Teelöffel Schale dünn abreiben. 3 Esslöffel Saft auspressen. Garnelen trockentupfen und in je 3 Stücke schneiden, mit etwas Salz und 1/2 Esslöffel Limettensaft mischen. Den Backofen auf 190 °C (Umluft 170 °C) vorheizen.

Mehl, Backpulver und Natron in eine Schüssel sieben. Polenta, Meersalz und Kreuzkümmel gut untermischen. Dann Limettenschale, gehackten Koriander, Peperoni und Paprika zugeben und untermischen. Ei und Zucker in einer zweiten Schüssel mit den Quirlen des Handrührgeräts ca. 5 Minuten sehr schaumig rühren. Olivenöl nach und nach unter Rühren zugießen. Dann Buttermilch und 2 1/2 Esslöffel Limettensaft kurz unterrühren.

Mehl-Peperoni-Mischung zur Ei-Öl-Mischung geben und alles mit einem Kochlöffel kurz verrühren, bis die Zutaten sich gerade so verbinden. Hälfte des Teigs gleichmäßig in die Formen geben, mit der Hälfte der Garnelenstücke belegen. Übrigen Teig darauf verteilen und mit den übrigen Garnelen belegen. Im heißen Ofen auf dem mit Backpapier belegten Rost auf der mittleren Schiene 20 bis 22 Minuten backen.

Herzen mit dem Rost aus dem Ofen nehmen und 5 Minuten abkühlen lassen. Dann vorsichtig aus den Formen lösen und am besten warm mit den übrigen Korianderblättern garniert servieren.

Rezeptregister

Über dieses Buch

Redaktionsleitung
Susanne Kirstein

Projektleitung
Eva Wagner

Gesamtproducing
v*büro – Jan-Dirk Hansen, München

Redaktion
Nicola von Otto, Text & Form, München

Bildredaktion
Tanja Nerger

Korrektorat
Susanne Langer

Umschlag- und Verpackungsgestaltung, Sourcing
Norbert Pautner, Berlin

Litho
Artilitho snc, Lavis (Trento)

Druck und Verarbeitung
Anpak Printing Ltd., Hongkong

Printed in China

MIX
Papier aus verantwortungsvollen Quellen
FSC
www.fsc.org
FSC® C017997

Das für diesen Titel verwendete Papier ist FSC®-zertifiziert.

ISBN 978-3-517-08672-9
817 2635 4453 62

Über die Autorin

Anne Haupt hat bereits in jungen Jahren als Foodstylistin für verschiedene Hamburger Verlage gearbeitet. Die ausgebildete Hauswirtschaftsleiterin ist seit geraumer Zeit für das Foodressort der Verlagsgruppe Living bei Gruner + Jahr tätig und spezialisierte sich auf Back- und Dessertthemen. Als Mutter zweier kleiner Söhne ist ihr besonders daran gelegen, unkomplizierte und leicht nachvollziehbare Rezepte zu entwickeln.

Hinweis

Die Ratschläge/Informationen in diesem Buch sind von Autorin und Verlag sorgfältig erwogen und geprüft, dennoch kann eine Garantie nicht übernommen werden. Eine Haftung der Autorin bzw. des Verlags und seiner Beauftragten für Personen-, Sach- und Vermögensschäden ist ausgeschlossen.

Impressum

Bildnachweis

Fotografie: Anke Politt
Foodstyling: Christine Bergmayer, Pia Westermann
Styling (Vorbereitung): Krisztina Zombori
Assistenz: Sascha Toske